JN437288

컨벤션기획실무

김 홍 철 저

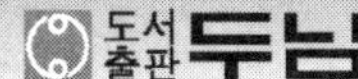

머 리 말

국제회의산업은 2010년 서울 G20정상회의 개최를 계기로 우리나라에서 그 위상이 더욱 강화되었다. 또한 정부는 국제회의산업을 포함한 MICE산업을 의료관광산업과 더불어 차세대를 견인할 신성장 동력산업으로 지정하여 적극 지원하고 있다. 사실 컨벤션산업은 다른 관광부문보다도 부가가치가 높은 분야로서 일반 관광객보다 2배 이상 경제적 효과를 창출하는 산업인 것이다. 이러한 이유로 아시아에서는 싱가포르와 일본, 중국 등과 컨벤션산업 유치에 치열한 경쟁을 벌이고 있다. 우리나라도 국제회의도시지정과 함께 컨벤션육성에 관한 법률 개정추진 등 적극적인 지원정책으로 향후 이 분야의 전망은 매우 밝다고 본다.

그러나 컨벤션분야의 전문인력은 질적·양적으로 아직도 부족한 상태이다. 차제에 2010년 11월부터 컨벤션 기획사 2급자격 시험에 지원자격을 철폐하여 보다 많은 인력이 시험에 응시할 수 있는 기회가 생기게 되었다. 특히 관광관련 대학생들은 재학 중에 컨벤션기획사 시험에 응시할 수 있게 되어 대학에 몸을 담고 있는 저자에게도 희소식이 아닐 수 없다. 요즘과 같이 취업을 위한 스펙쌓기에 여념이 없을 때 컨벤션기획사 자격증이야말로 유용한 스펙이 될 것으로 확신하면서 이 자격시험에 꼭 응시할 것을 권장한다.

본 저서는 컨벤션 기획사시험에 대비한 필요사항을 간단하게 정리한 실무지침서 종류라 할 수 있다. 특히 부록에는 그동안 출제되었던 시험문제를 정리해 두었다. 자격시험 출제문제가 기출문제 가운데서 상당수의 문제가 출제되는 경향이기 때문에 꼭 풀어 볼 것을 권장한다.

본 책의 구성은 2부로 되어 있으며, 1부에서는 컨벤션에 대한 기본적인 사항을 정리하였고, 2부에서는 컨벤션 기획서 작성에 필요한 사항을 과정별로 정리해 두었다. 특히 컨벤션자격시험의 실기시험에 대비해서 컨벤션 기획서 작성은 실제로 가상문제를 많이 풀어보는 것이 유용하다고 본다. 또한 컨벤션 영어시험은 본 책에서는 다루지 않았지만 별도로 영문서신위주로 정리한 교재를 구하여 준비해둘 필요가 있다. 아무튼 컨벤션 분야에 관심이 있는 학생들에게 컨벤션 산업을 이해하고 나아가 자격증시험과 실무에 조금이나마 도움이 되길 기대한다. 올해 유난히도 덥고 비가 많았던 날씨에 출판에 힘써 주신 도서출판 두남 관계자 여러분께 감사를 드린다.

2011년 8월 익산 신용동에서 저자 식

차 례

제1부 컨벤션산업의 개요

제 2 부 컨벤션기획 실무

제 1 부

컨벤션산업의 개요

제 1 장 MICE산업

제 1 절 MICE산업의 개요

1. MICE산업의 정의

- MICE산업의 구조는 일반적으로 MICE 개최자와 공급자, MICE 기획가, 그리고 중개인 등으로 구분
- MICE 개최자는 기업과 협회, 정부기관 등이 일종의 단체로서 다양한 회의나 전시회의 후원자 역할
- MICE 공급자는 MICE를 개최하는 데 필요한 시설을 제공하는 컨벤션·전시센터 등의 시설산업과 개최도시, 회의나 전시회의 프로그램을 기획하는 운영산업, 지원산업 등으로 구분
- MICE 기획가는 중간구매자로서 MICE산업을 구성하고 있는 최종 공급자와 최종수요자를 연결시키는 역할

▌표 1-1 ▌MICE 정의 및 범위

종 류	정 의	범 위	
Meeting	아이디어 교환, 토론, 정보교환, 사회적 네트워크 형성을 위한 각종 회의	국제	외국인 10명 이상이 참가하는 정부/공공·협회/학회•기업회의(4시간 이상)
		국내	외국인 참가자가 10명 미만인 정부/공공·협회/학회•기업회의(4시간 이상)
Incentive	조직원들의 성과에 대한 보상 및 동기 부여를 위한 순수 보상 여행(관광)	국제	외국인이 10명 이상 참가하는 인센티브 트래블(1박 이상 체류)
		국내	외국인 10명 미만인 인센티브 트래블(1박 이상 체류)
Conven-tion	아이디어 교환, 토론, 정보교환, 사회적 네트워크 형성을 위한 각종 회의	UIA(Union of International Association) 기준에 부합하는 정부/공공·협회/학회·기업회의 (Meeting 보다 규모가 크며 국제적 성격을 띤 회의를 통칭)	
Exhibiti-on	유통·무역업자, 소비자, 일반인 등을 대상으로 판매, 홍보, 마케팅 활동을 하는 각종 전시회	국제	전시산업발전법에 의한 전시회로 100명 이상의 외국인 구매자가 참가 등록한 무역전시회, 소비자전시회 및 혼합전시회(1일 이상)
		국내	전시산업발전법에 의한 전시회로 100명 미만의의 외국인 구매자가 참가 등록한 무역전시회, 소비자전시회 및 혼합전시회(1일 이상)

제 2 절 국내 MICE산업의 동향

- 우리나라 컨벤션산업은 초기에는 정부 주관의 국제행사 개최를 계기로 컨벤션산업이 발전
- 1988년 서울올림픽을 계기로 숙박시설이 증설되고 관광인프라가 개선되면서 관광 및 국제회의 산업발전에 진전
- 2000년 아시아•유럽정상회의(ASEM) 유치를 계기로 정부에서는 서울

에 대규모 컨벤션센터 건립을 추진

- '국제회의산업 육성에 관한 법률' 을 1996년 12월에 제정하고 1997년에 그 시행령 및 시행규칙을 제정・공포함으로써 컨벤션 산업육성 및 전에 필요한 법, 제도적 기반을 구축
- 최근 정부는 17대 신성장 동력의 하나로 MICE산업을 선정하여 회의, 인센티브 관광, 컨벤션 및 전시를 포함하는 MICE산업 영역을 확대하여 적극 지원
- 이에 따라 정부에서는 MICE산업 육성을 위한 코리아 컨벤션뷰로의 기능을 강화하여 MICE조직으로 개편하였고, 서울을 비롯한 대전, 제주, 인천 등 전국적으로 MICE산업 육성전략 선포식 또는 국제회의도시 지정을 통한 지역경제 활성화계기를 마련

표 1-2 MICE 유형별 개최현황(2009)

(단위 : 건, 명)

MICE 유형		개최건수	전체 참가자수	내국인 참가자수	외국인 참가자수
Meeting	국제	810	469,190	412,105	57,085
	국내	4,674	844,187	842,916	1,271
	합계	5,484	1,313,377	1,255,021	58,356
Incentive		2,860	159,416	0	159,416
Convention(국제)		347	226,238	112,113	114,125
Exhibition		422	10,710,761	10,242,229	468,532

· 외국인 참가자를 파악할 수 없는 회의의 경우 국내회의로 분류하고, 참가자 수 또한 내·외국인을 구분하여 파악 가능한 참가자수로만 명시함.
· Incentive는 샘플링조사에 응답한 건수를 집계하여 모수 추정한 수치임.

1. 국제회의 개최현황

- 국제협회연합(UIA) 조사에 따르면, 2009년 한 해 동안 전 세계에서 총 11,503건의 국제회의가 개최되었으며(2008년 11,085건), 이 중 한국은 총 347건의 국제회의를 개최하여 세계 11위를 차지
- 개최 건수로 볼 때 이는 전년(293건, 12위) 대비 세계 증가율(3.8%)을 훨씬 상회한 수치(54건 증가, 18.4% 상승)이며, 세계 순위 역시 1단계 상승함으로써 세계 국제회의 주요 개최지로서 높아진 한국의 위상을 보여주었다.
- 세계 주요 국가별 개최순위를 보면, 미국이 1,085건으로 1위를 기록하여 작년에 이어 국제회의 개최 세계 순위 1위의 자리를 굳혔으며, 싱가포르가 689건으로 2위를 기록, 전년 대비 1단계 상승하여 아시아의 국제회의 메카로 자리매김
- 뒤를 이어, 프랑스가 632건으로 세계 3위, 독일이 555건으로 세계 4위, 일본이 538건으로 세계 5위를 차지
- 아시아 지역에서는 싱가포르(세계 2위, 아시아 1위), 일본(세계 5위, 아시아 2위)에 이어 우리나라가 아시아 3위를 차지함으로써, 지난해에 이어 싱가포르, 일본, 한국이 아시아 지역 국제회의 3대 강국'으로서의 위상을 공고히 함
- 도시별 성적을 보면 서울이 151건을 개최(2008년 125건)하여 세계 9위, 아시아 2위를 차지하였고, 제주가 61건(2008년 53건)을 개최하여 세계 29위, 아시아 6위를 차지, 전년 대비 순위가 9단계 급상승하였으며, 부산이 41건 개최, 세계 45위, 아시아 10위의 실적을 보임으로써 전년에 이어 서울, 제주, 부산 3개 도시가 세계 순위 50위 안에 드는 성과
- 이밖에, 인천지역의 경우 국제회의 개최건수가 26건으로 집계되어 전년 대비(2건) 24건이 증가함으로써 한국의 국제회의 개최 주요 도시로 급성장하고 있음을 보여주었으며, 대전 지역의 국제회의 개최건수가 23건(2008년 14건), 대구가 8건(2008년 5건)으로 집계되는 등 지방의 국제회의 개최 건수 또한 꾸준히 증가

▌표 1-3 ▌주요 국가 국제회의 개최 현황

세계 순위			아시아 순위		
순위	국가별	개최건수	순위	국가별	개최건수
1위	미국	1,085	1위	싱가포르	689
2위	싱가포르	685	2위	일본	538
3위	프랑스	632	3위	한국	347
4위	독일	555	4위	중국	173
5위	일본	538	5위	인도	138
6위	벨기에	470	6위	태국	131
7위	네덜란드	458	7위	말레이시아	71
8위	오스트리아	421	8위	인도네시아	59
11위	한국	347	9위	홍콩	43
11위	영국	347	10위	필리핀	40

자료 : 한국관광공사, UIA(국제협회연합), 2009년 기준

• UIA 기준에 의한 세계 주요 도시의 국제회의 개최 현황 및 아시아 지역 주요 국가의 국제회의 개최 현황은 다음 표와 같다.

▌표 1-4 ▌주요 도시 국제회의 개최 현황

세계 순위			아시아 순위		
순위	도시명	개최건수	순위	도시명	개최건수
1위	싱가포르	689	1위	싱가포르	689
2위	브뤼셀	395	2위	서울	151
3위	파리	316	3위	도쿄	134
4위	비엔나	311	4위	방콕	81
5위	제네바	183	5위	베이징	80
6위	베를린	171	6위	제주	61
7위	프라하	170	7위	뉴델리	57
8위	스톡홀름	159	8위	요코하마	54
9위	서울	151	9위	쿠알라룸프르	49
29위	제주	61	10위	부산	41
45위	부산	41	11위	홍콩	40

자료 : 한국관광공사, UIA(국제협회연합), 2009년 기준

2. 유형별 국제회의 개최현황

1) 연도별 국제회의 개최현황

- 2009년 국내에서 개최된 국제회의는 총 1,057건으로 전년 대비 66.7% 증가하였고, 외국인 참가자 수는 총 152,906명으로 전년보다 27.4% 증가하였음

표 1-5 연도별 국제회의 개최 현황(1999~2009)

단위 : 건, %

연도	개최건수	성장률	외국인참가자 수	성장률
1999년	287	7.5	34,038	49.8
2000년	292	1.7	33,562	-1.4
2001년	294	0.7	40,625	21.0
2002년	296	0.7	35,100	-13.6
2003년	298	0.7	34,467	-1.8
2004년	302	1.3	41,233	19.6
2005년	306	1.3	69,941	69.6
2006년	420	37.3	79,177	13.2
2007년	456	8.6	88,294	11.5
2008년	634	39.0	120,011	35.9
2009년	1,057	66.7	152,906	27.4

자료 : 한국관광공사, 2009 MICE산업통계조사 연구

2) 참가자 규모별 국제회의 개최현황

- 2009년 개최된 국제회의를 전체 참가자 규모별로 살펴보면, 100~300명 미만 436건으로 전체 41.2%로 가장 많았으며, 300~500명 미만 169건(16.0%), 1천명 이상 140건(13.3%)순으로 나타남
- 300명 미만의 중 · 소규모 회의가 총 620건으로 전체 58.7%이며, 300명 이상의 중 · 대규모 회의는 437건으로 41.3%를 차지함

▌표 1-6 ▌참가자 규모별 국제회의 개최 현황

구분	2009년		2008년	
	건수	구성비	건수	구성비
50명 미만	58	5.5	55	8.7
50명 ~ 1백명 미만	126	11.9	71	11.2
1백명 ~ 3백명 미만	436	41.2	226	35.6
3백명 ~ 5백명 미만	169	16.0	105	16.6
5백명 ~ 1천만 미만	128	12.1	91	14.4
1천명 이상	140	13.3	86	13.6
계	1,057	100.0	634	100.0

자료 : 한국관광공사, 2009 MICE산업통계조사 연구

3) 시설 유형별 국제회의 개최 현황(2009년)

- 2009년 국내에서 개최된 국제회의 1,057건 중 481건이 컨벤션센터/전문전시장에서 개최되어 전체 대비 45.5%의 비중을 차지하였고, 호텔에서 395건 개최로 37.4%의 비중을 차지하여 컨벤션센터와 호텔이 주요한 국제회의 개최장소인 것으로 나타남

▌표 1-7 ▌시설유형별국제회의 개최 현황

(단위 : 건, %, 명)

시설유형별	건수	구성비	외국인참가자수	전체참가자수
컨벤션센터	481	45.5	90,593	379,116
호텔	395	37.4	44,069	147,783
대학/연구기관	129	12.2	8,428	29,040
기타	29	2.7	8,755	77,858
정부/관공서	23	22	1,061	6,493
계	1,057	100.0	152,906	640,290

자료 : 한국관광공사, 2009 MICE산업통계조사 연구

제 1 절 컨벤션의 정의

- 컨벤션(convention)을 어의적으로 보면 con은 라틴어 cum으로서 함께(together)라는 의미이며, venire는 모이다(to come)의 뜻으로 convention은 이들의 합성어로서 '함께 모이다' 라는 의미
- 보통 컨벤션은 국제회의로 사용되는 것이 일반적

1. 사전적 정의

① Merriam-Webster's Collegiate Dictionary(1994)
: 어떤 공통의 목적을 가진 사람들의 모임

② Oxford Advanced Learner's Directory of Current English(1984): 사회단체 및 정당들 회원간의 회의, 사업 및 각종 무역에 관련된 모든 회의, 정부 간에 이루어지는 모든 회의

③ 관광용어사전(안종윤, 1985):
대부분 많은 사업가 또는 전문직업인이 참가하는 회의

2. 법률적 정의

- 국제회의산업 육성에 관한 법률 시행령 제2조(2011년 2월 25일 개정)

가. 국제기구 또는 국제기구에 가입한 기관 또는 법인과 단체가 개최하는 회의로서

다음 각목의 요건을 갖춘 회의

① 당해 회의에 5개국 이상의 외국인이 참가할 것
② 회의 참가자가 300인 이상이고 그 중 외국인이 100인 이상일 것
③ 3일 이상 진행되는 회의일 것

나. 국제기구에 가입하지 아니한 기관 또는 법인과 단체가 개최하는 회의로서

다음 각목의 요건을 갖춘 회의

① 회의 참가자중 외국인이 150인 이상일 것
② 2일 이상 진행되는 회의일 것

다. 국제기구의 정의

(1) **국제협회연합**(UIA: Union of International Association)

- 국제협회연합은 국제기구가 주최하거나 후원하는 회의 또는 국내단체가 주최하는

회의 가운데 다음 4가지 기준을 충족시키면 국제회의로 인정

① 참가국 수 5개국 이상
② 전체 참가자수 300명 이상
③ 전체 참가자 중 외국인 비율이 40%이상
④ 회의기간이 3일 이상

단 범정부간 국제기구본부가 소제한 뉴욕, 제네바 등에서 개최하는 회의는 예외

(2) **세계국제회의 전문협회**(ICCA: International Congress and Convention Association)

① 참가국 수 4개국 이상

② 참가자수 100명 이상
③ 최소 6시간 이상, 최소 25명 이상이 참석하여 정해진 순서에 따라 진행되는 모임

(3) 아시아컨벤션뷰로우(AACVB: Asian Association of Convention and Visitor Bureau)

① 2개 대륙 이상
② 참가국 수 2개국 이상
③ 전체 참가자중 외국인 비율 10% 이상
④ 방문객이 1박 이상의 상업적 숙박시설 이용

쉼터 관광관련 국제기구

우리나라는 세계관광의 흐름을 파악하고 이에 능동적으로 대처하고자 각종 국제기구에 가입하여 활발한 활동을 전개해 오고 있는데 그 중 대표적인 것이 세계관광기구(UNWTO), 경제협력개발기구(OECD), 아시아 · 태평양 경제협력체(APEC), 아세안+3(ASEAN+3), 아시아 · 태평양관광협회(PATA), 미주여행업협회(ASTA), 아시아컨벤션뷰로협회(AACVB), 국제회의 전문가협회(ICCA), 세계청소년학생교육관광연맹(WYSETC) 등이다.

또한 최근에는 세계여행관광협의회(WTTC), 세계 관광인들의 친목 모임인 스칼(SKAL) 등으로 협력의 지평을 넓히고 있다.

1) UNWTO

세계 각국 정부기관이 회원으로 가입되어 있는 정부 간 관광기구인 UNWTO(UN World Tourism Organization : 세계관광기구)는 IUOTO(International Union of

Official Travel Organization : 국제관광연맹)가 1975년에 정부 간 협력기구로 개편되어 설립된 것이다. 현재 세계 154개국 정부가 정회원으로, 350여개 관광 유관기관이 찬조회원으로 가입되어 있으며, 격년제로 개최되는 총회와 6개 지역위원회를 비롯하여 각종 회의 및 세미나를 개최하고 있다.

UNWTO는 공신력을 가진 각종 통계자료 발간을 비롯하여 교육, 조사, 연구, 관광편의 촉진, 관광지 개발, 관광자료 제공 등에 역점을 두고 활동하고 있으며, 관광분야에서 UN 및 전문기구와 협력하는 중심역할을 수행하고 있다.

우리나라는 당시 IUOTO의 회원자격으로 1975년 자동적으로 UNWTO 정회원으로 가입되었고 한국관광공사는 1977년 찬조회원으로 가입하였다. 북한은 1987년 9월 제7차 총회에서 정회원으로 가입하였다. 우리나라는 1980~1983년 기간 중 집행이사국으로 처음 선임되었고 1992~1995년 기간 중에 집행이사국을 역임하였으며, 1995~1999년 기간 중 사업계획조정위원회의 위원국이었다.

2004년부터 2007년까지 집행위원회 상임이사국으로서 활동하였으며, 2005년에는 처음으로 집행이사회 의장국으로 선임되어 남아시아 지진 · 해일 피해 당시 긴급 집행이사회를 소집, 주재하여 WTO 푸켓액션플랜을 채택하여 실천하였고 6월 집행이사회에서는 차기 사무총장 선출, ST-EP재단 설립 정관안 확정 등의 성과를 거두는 등 국제 관광분야의 새로운 리더로서 역할을 수행하였다.

1988~1989년 동안 임기 2년의 UNWTO-CAP 의장국을 맡게 된 한국은 동 CAP회의의 결정에 따라 의장국에 재선임되어, 1991년 4월 25~26일 양일간 중국 베이징에서 개최된 제21차UNWTO-CAP 회의를 주재하는 등 아 · 태지역 관광 진흥 구심체로서의 역할을 활발히 수행하였다.

우리나라는 UNWTO와의 협력을 강화하고 국제관광전문가를 양성하기 위해 1988년부터 관광전문가를 파견하였고, 2001년 9월 28일~10월 1일 서울과 오사카에서 개최된 제14차 총회에서는 UNWTO 최초로 2개국에서 공동개최 된다는 점에서 많은 회원국의 주목을 받았다.

UNWTO는 2003년 12월 7일 제58차 UN총회를 통해 전문기구(Specialized Agency)로 편입하여 국제적 역량을 키우고 있으며, 우리나라는 UNWTO 활동에 적극적으로 참여하고 있다. 2004년에는 UNWTO 산하 ST-EP(지속가능한 관광을 통한 빈곤 퇴치)재단 본부를 한국으로 유치시킴으로써 세계 관광에 기여할 수 있는 기반을 마련하였고, 2005년에는 처음으로 집행이사회 의장국으로 선임되어 서남아시아 지진해일 피해 복구 등 세계 관광 분야 주요 현안을 주도적으로 처리하는 등 활발한 관광외교 활동을 벌였다.

2007년에는 한-UNWTO 협력 협력사업의 일환으로 '아 · 태 지역 7개국 아웃바운드 시장분석', '지속가능한 관광개발 국제회의', 'The UNWTO International Conference on Metropolitan Tourism' 등을 추진하였고, 2007년 11월 콜롬비아에서 개최된 제17차 총회에서 2008~2011 상임이사국으로 연임이 확정되었으며, 2008년 6월 제주도에서 제83차 집행이사회를 개최함으로써 관광외교역량을 강화하고 우리나라 관광의 국제적 인지도를 드높이는데 기여하였다. 2008년에는 '아태지역 관광정책에 관한 고위공무원 연수' 및 '아태지역 관광노동시장 분석'등의 사업을 수행함으로써 아태지역 내 영향력을 강화시키고 친한 인사 육성에도 노력을 기울였으며, 2008년 3월 청주에서 개최된 한국관광총회에서는 UNWTO의 후원으로 UNWTO 특별세션을 운영하였다.

이러한 UNWTO 내 한국의 위상 제고에 기반하여 2009년 5월 아프리카 말리에서 개최된 제85차 UNWTO 집행이사회에 오지철 전 한국관광공사 사장이 2010-2013 UNWTO 사무총장 후보로 출마하였으나 아쉽게 낙선하였다. 그럼에도 불구하고, 한국은 UNWTO의 개혁과 변화에 대한 의미있는 논쟁을 주도함으로써 조직 개혁에 대한 중요한 모멘텀을 제공하고 세계관광계에서 한국의 입지를 강화시키는 계기를 마련했다는 평가를 받았으며, 우리측 후보자의 패배 후 당선자 격려를 통해 성숙한 세계시민으로서의 한국 이미지를 각인시켰다.

2) OECD

OECD(Organization for Economic Cooperation and Development : 경제협력개발기구)는 유럽경제협력기구를 모체로 하여 1961년 선진 20개국을 회원국으로 설립되었다. 회원국의 경제성장 도모, 자유무역 확대, 개발도상국 원조 등을 주요 임무로 하고 있으며, 현재 30개 회원국으로 구성되어 있고, 프랑스 파리에 본부를 두고 있다. 조직 구성은 의사결정기구인 이사회, 보좌기구인 집행위원회 및 특별집행위원회를 두고 있으며 실질적 활동을 수행하는 26개의 분야별 위원회가 있다.

관광위원회는 관광 분야에 대한 각국의 정책연구 및 관광진흥 정책연구 등을 주요 기능으로

하고 있으며 위원회 산하에 통계작업반을 두고 있다. 주요 사업은 관광객 보호정책개발, 관광산업에 대한 국가지원사업 등이며 매년 총회, 통계작업회의, 전문가 특별회의 등을 개최하고 있다.

현재 문화체육관광부 소속 공무원을 파견하여 OECD 관광 프로젝트 등 관광 분야에서 협력사업을 수행하고 있다. 우리나라는 1994년 6월 관광위원회에 대한 옵저버 참가자격이 부여되어 1995년부터 관광위원회 회의 및 통계실무 작업반 회의에 참가하여 주요 선진국의 관광정책 및 통계기법 등을 습득하고 있다. 1996년부터는 정회원으로 가입하여 1998년에는 OECD 관광회의를 서울에서 개최한 바 있고, OECD 권고사업의 하나인 관광위성계정(TSA)개발을 세계 5번째로 완료하였다. 2003년9월에는 스위스에서 개최된 OECD 관광회의에 참가하여 관광산업의 구조개혁 프로젝트 조정위원회에 선정되었고, 2005년 9월 광주에서 'OECD-Korea 국제관광회의'를 개최하여, 세계관광의 성장 : 중소기업의 기회'라는 주제로 급변하는 관광산업구조 속에서 관광중소기업의 새로운 역할 및 협력방안을 모색한 바 있다.

2007년 11월에는 프랑스에서 개최된 제80차 OECD 관광회의에 참가하여 ' Culture, Tourism and Attractiveness of the Location'프로젝트의 일환으로 추진한 남이섬 한류 관광 사례를 발표하였으며, 2008년 4월에는 제81차 관광회의에 참가하여 한국의 템플스테이 사례를 발표하였다.

또한 2008년도 10월에는 OECD 관광위원회 최초로 이탈리아 리바델가르다에서 개최된 장관급 회의에 참석하여, '문화자원을 통한 관광목적지의 독특성증진(Enhancing the Uniqueness of the Destination through Cultural Resources)'방안에 대해 발제, 한국의 실천 사례(템플스테이, 한식 등)를 소개하였다. 한편 2009년에는 OECD 회원국간 문화와 관광 접목의 성공사례 공유를 위해 제작된 '관광에 있어서의 문화의 영향력(The Impact of Culture on Tourism)'간행물에 한국 문화관광 우수사례인 '템플 스테이'를 수록하였다. 가장 주목할 만한 성과 중의 하나는 2009년 4월에 발표된 '한식 세계화 추진계획'의 전략 중 '우리 식문화 홍보'를 통해 관광자원으로서의 한식의 중요성을 인식시킨다는 목표를 세우고, 우리 관광의 견인차 역할을 한식에 부여하기 위한 한식 세계화(Globalization of Korean Cuisine) 사업을 OECD

차원에서 진행시킨 것이다. 문화체육관광부는 OECD 한국대표부 담당자와 함께 OECD 관광위원회 사무국의 담당국·과장, 음식관광 관련 선진국(프랑스, 이태리 등) 전문가와 사업 추진방향, 시기, 내용 등에 대한 협의를 진행하여 2009년 말에 OECD 차원의 참여 결정을 이끌어 냈다.

3) APEC

APEC(Asia Pacific Economic Cooperation : 아시아 · 태평양 경제협력체)은 1989년 호주의 캔버라에서 제1차 각료회의를 개최하면서 발족되었으며, 역내 경제협력관계 강화의 구심점이 되고 있다.APEC은 11개 실무그룹(Working Group)을 두고 있는데, 관광실무 그룹 회의는 1991년 하와이에서 회의를 가진 이후 역내 관광발전을 저해하는 각종 제한조치 완화, 환경적으로 지속가능한 관광개발 등의 현안에 대해서 협의하고 있다.

우리나라는 1998년 11월 말레이시아 쿠알라룸프르에서 개최된 APEC 정상회의에서 김대중 전대통령이 APEC 국가 간 관광 활성화를 제청한 바 있으며, 이에 대한 후속사업으로 1999년 5월 멕시코에서 개최된 제14차 관광실무그룹회의에서 APEC 관광장관회의 창설이 합의되어 2000년 7월 서울에서 제1차 APEC 관광장관회의가 개최되었다.

우리나라는 2000년 제7차 APEC TWG(관광실무그룹)에서 제안, 2001년 5월 APEC BMC(예산운영위원회)에서 최종 승인된 3개 사업인 'ᄀAPEC 회원국의 중소관광기업에 대한 전자상거래 전략의 적용에 관한 연구', '지속가능한 개발을 위한 정책개발자의 교육훈련', '지속가능한 관광을 위한 민 · 관 협력방안 연구'를 수행한 바 있으며, 2004년에는 제22차, 23차에서 제안, 2003년 7월 APEC BMC에서 최종 승인된 '관광투자촉진을 위한 민관 파트너쉽', '중소관광기업의 전자상거래 적용 모범사례 연구'등 2건의 사업을 추진하였다.

우리나라는 1998년 제주도에서 제12차 APEC 관광실무그룹회의, 2004년 5월 경남 진주에서 제24차 APEC 관광실무그룹회의를 개최한 바 있으며, 2005년 5월에는 부산에서 제4차 관광포럼 및 제26차 APEC 관광실무그룹회의를 성공적으로 개최하여 한국 관광홍보 및 APEC내 관광외교 강화에 기여하였다. 제26차 회의에서는 2005 APEC 정상회의 국가로서 수임하게 된

TWG 의장직을 성공적으로 수행하였으며, 정상회의 개최국으로서 주도적으로 추진 중인 재난관리대응 관련 이슈를 회원국에 주지시키고 APEC 차원의 결속과 협력방안을 도출해내는 등 역내 관광 분야 리더십을 발휘하는 계기가 되었다.

APEC 관광포럼의 성과를 TWG에 제안함으로써 2004년 칠레 파타고니아선언에서 합의된 '관광헌장의 전략적 검토'를 뒷받침할 수 있는 토대를 제공하였다. TWG가 APEC 내에서 독립적인 그룹으로 활동할 수 있는 근거를 마련하기 위해 한국은 2006년 공식 컨설턴트 지정을 통해 TWG 독립평가와 관광헌장의 전략적 검토 용역을 수행하고 2007년 최종 보고서를 발표함으로써 적극적인 역할의지를 회원국에 알리고 역내 관광 분야 전략적 지위를 유지 · 강화하였다.

2007년에는 태국, 뉴질랜드, 인도네시아, 호주와 더불어 'Tourism and Climate Change' 라는 주제로 기후변화 문제에 대처하기 위한 우리나라 관광업계와 정부의 노력을 소개 하였다. 2008년 4월에는 제5차 APEC 관광장관회의가 제32차 APEC 관광실무그룹회의와 연계되어 페루 리마에서 개최되었는데, 한국은 2008년을 관광선진화 원년으로 지정하고 관광산업 경쟁력 강화를 위해 추진 중인 규제완화, 제도개선, 인프라 확충 등 다양한 정책 노력을 알리고, 아세안 지역 관광가이드 교육, '지속가능한 발전을 위한 관광'을 주제로 우리나라와 UNWTO가 공동주최하는 아시아 태평양지역 고위 공무원 대상 교육 프로그램 등 각종 협력 사업을 소개하였다. 동 장관회의의 결과물로써 회원국들은 '아시아 태평양 지역 책임 있는 관광을 향하여 (Towards Responsible Tourism in Asia and Pacific Region)'를 주제로 한 「파차카막 선언문」을 채택하였는데, 동선언문은 「서울선언」에서 채택된 4대 주요 정책 목표의 중요성을 명시하고 금번 회의의 주요 논의 사항인 '사회 포함', '토착관광', '기업의 사회적 책임', '환경적 책임', '문화관광', '항공 연계성'등 책임 있는 관광(Responsible Tourism) 실현의 중요성을 강조하였다.

4) PATA

PATA(Pacific Asia Travel Association : 아시아태평양관광협회)는 1951년 아시아 · 태평양 지역의 관광진흥활동, 지역발전 도모 및 구미관광객 유치를 위한 마케팅활동을 목적으로 설립되었다. 태국 방콕에 본부를 두고 있으며 북미, 태평양, 유럽, 중국, 중동에 지역 본부가 있다.

주요 활동으로는 연차총회 및 관광 교역전 개최, 관광자원 보호 활동, 회원을 위한 마케팅 개발 및 교육사업, 각종 정보자료 발간사업 등이 있다. 현재 73개국 1,000여개 관광기관 및 업체가 회원으로 가입되어 있으며, 전 세계에 39개 지부가 결성되어 있다.

우리나라에서는 문화체육관광부, 한국관광공사 등 총 34개 관광 관련 기관 및 업체가 PATA 본부회원으로 가입되어 있으며 매년 연차총회 및 교역전에 참가하여 세계 여행업계 동향을 파악하고 한국관광 홍보 및 판촉 상담활동을 전개하고 있다. PATA 한국지부에는 총 120여개 기관 및 업체가 회원으로 가입되어 있으며 지부 총회 개최, 관광전 참여, 관광정보 제공 등의 활동을 하고 있다.

우리나라는 PATA 관련 국제행사로 1965년, 1979년, 1994년, 2004년 PATA 총회 및 이사회, 1979년, 1987년 PATA 관광교역전, 1998년 PATA 이사회를 개최한 바 있다. 특히 2004년 제주 PATA 총회에서는 제주도를 세계적인 관광지로 부각시키고자 적극적으로 국내외 홍보를 추진하였으며, 그 결과 PATA 총회 사상 최대인 48개국 2,145명이 참가한 성공적인 행사로 평가받았다.

그리고 2005년에는 관광포스터와 마케팅 부문에서, 2007년에는 마케팅미디어 비디오 부문에서, 2009년에는 마케팅 캠페인 부문과 가이드북 부문에서 PATA Gold Awards를 수상했다.

5) ASEAN

아세안은 1966년 8월 제3차 ASA(Association of Southeast Asia : 동남아연합) 외무장관 회의에서 ASA의 재편 필요성이 제기되어, 1967년 말리크

인도네시아 외무장관이 태국 측과 아세안 창립선언 초안을 마련하였다. 1967년 8월 인도네시아, 태국, 말레이시아, 필리핀, 싱가포르 5개국 외무장관회담을 개최, 아세안 창립선언을 통하여 결성되었다.

아세안은 창립 당시 5개국으로 구성되었으나, 1975년 월남전 종결을 계기로 동남아 평화 및 자유 · 중립지대 구상과 동남아 우호협력조약'의 대상범위를 인도차이나반도 3개국(베트남, 캄보디아, 라오스) 및 미얀마를 포함한 지역으로 확대하는 구상이 대두되었고, 이후 브루나이(1984년), 베트남(1995년), 라오스와 미얀마(1997년), 캄보디아(1998년)가 차례로 가입하여 현재는 총 10개국의 회원국으로 구성되어 있다.

아세안은 1993년 아세안 자유무역지대(AFTA : ASEAN Free Trade Area)를 결성함으로써 국제적인 교섭력이 한층 강화되기 시작했다. 역내 무역 활성화와 공동산업 프로젝트 등을 통해 산업경쟁력 역시 커질 것으로 예상되어 세계시장에서 차지하는 비중이 점점 커질 전망이다.

또한 21세기 세계 관광목적지로 아시아 · 태평양 지역의 중요성이 커지면서 한 · 중 · 일과 아

세안의 관광협력을 논의하는 '한 · 중 · 일+아세안'회의가 개최되었고, 이를 통해 우리나라 및 주변국과 아세안 지역의 관광협력 방안 논의가 활발히 진행 중이기도 하다. 특히 2005년 5월 26일에는 강원도 속초에서 제7차 ASEAN+3NTO(한 · 중 · 일+아세안)회의가 개최되어, 우리나라와 아세안 국가와의 관광협력 체계를 한층 더 공고히 하였고, 아세안에서 한국의 위상을 제고한 것으로 평가받았다.

연 2회 정기적으로 관광장관회의 및 NTO회의를 개최하여 아세안 및 한 · 중 · 일간 관광부문 공동마케팅 방안모색 및 각국의 관광 현안과 관련한 의견교류 등 활발한 교류 · 협력을 구축해 가고 있다. 한-아세안 행동계획(Korea-ASEAN Action Plan)의 후속조치로 2006년 필리핀에서 개최된 제5차 ASEAN+3 관광장관회의에서 아세안 지도의 한국어판을 2만 부 제작하여 배포하였으며, 아세안 측의 공통요청사항인 아세안 관광가이드에 대한 한국문화 · 한국어 교육을 2006년부터 지속적으로 시행함으로써 아세안 지역에 있어 우리나라의 관광 외교역량을 확대하고 우리나라 관광객의 편의 제고를 위해 노력하고 있다.

6) ASTA

미주지역 여행업자 권익보호와 전문성 제고를 목적으로 1931년에 설립된 ASTA(American Society of Travel Agents : 미주여행업협회)는 미주지역이라는 거대한 시장을 배경으로 세계 140개국 2만여 명에 달하는 회원을 거느린 세계 최대의 여행업 협회이다.

회원들의 전문성 제고와 판촉기회를 확대하기 위하여 연례행사로 연차총회 및 트레이드쇼, 크루즈페스트 등을 실시하여 각국 NTO와 관광업계의 판촉활동의 장을 마련하고 업계 동향에 대한세미나 개최 등 유익한 교육 프로그램을 제공한다. 매년 미국 내 뿐만 아니라 해외에서 연1회 순회하면서 개최되던 연차총회 개최방식이 2006년부터 상반기(3~4월) 중 해외에서 개최되는 해외총회(International Destination Expo)와 하반기(9~10월) 중 미국 내에서 개최되는 국내총회(The Trade Show)로 나뉘어 연 2회 개최되는 것으로 변경되었다.

1973년 한국관광공사가 준회원으로 가입되었으며 1979년 ASTA 한국지부가 설립되어 운영되고 있다. 우리나라는 미주시장 개척의 기반을 다지기 위하여 동 기구 내 홍보활동을 지속적으로 추진해 오고 있으며, 매년 연차총회 및 트레이드쇼에 업계와 공동으로 한국대표단을 파견하여 판촉 및 정보수집 활동을 전개하고 있다.

1983년에는 총회 및 교역전을 서울에 유치하여 대형국제회의 개최능력을 전 세계에 홍보한 바 있다. 또한 2007 ASTA 제주 총회(3.25 ~ 29, ICC 제주)를 성공적으로 개최하면서 미주 관광시장에 대한 동북아 관광거점 확보기틀을 마련하였고, 회의 개최지인 제주도의 국제관광 이미지가 제고되었다는 평가를 받고 있다.

7) WTTC

WTTC(World Travel and Tourism Council)는 관광 분야에서 가장 유망한 100여개 업계 리더들이 회원으로 가입되어 있는 대표적인 관광 관련 민간기구이다. 1990년에 설립 되었으며 영국런던에 본부를 두고 있다.

주요 활동은 관광 잠재력이 큰 지역에 대한 관광 자문 제공 및 협력사업 전개, Tourism For Tomorrow Awards'주관, 세계관광정상회의 (Global Travel and TourismCouncil) 개최 등이다. 특히 매년 5월 개최되는 관광정상 회의는 개최국의 대통령, 국무총리를 비롯한 각국의 관광 장관, 호텔 및 항공사 CEO 등이 대거 참석하여 관광 현안을 논의하는 권위 있는 회의로 정평이 나있다. 세계 관광산업과 관련된 모든 이슈를 다루며, 고용인원 2.4억명, 세계 GDP의 9.2%를 차지하는 관광산업에 대한 인식을 높이기 위한 활동을 하고 있다.

8) SKAL

SKAL(Sundhet, Karlek, Aiderdom, Lycka 건강, 우정, 장수, 행복) International은 1934년 설립, 스페인 토레몰리노스에 본부를 둔 관광업계 중진들의 친선 모임이다. 전 세계 관광업계 종사자 2만여 명이 회원으로 가입되어 있으며 SKAL 한국지부를 비롯 90개국 500여개 지부가 활동하고 있다. 'Doing Business Among Friends'라는 SKAL의 모토대로 회원 간의 네트워킹이 가장 큰 목적이며 매년 World Congress 및 관광 관련 포럼 개최, ECO Tourism Award 주관 등의 활동을 하고 있다. 공사는 2006년부터 총회에 참가하여 적극적인 활동을 펼친 결과 2009 SKAL Asian Area Congress를 인천으로 유치하여 성공적으로 개최하였고, 2012년 SKAL World Congress의 한국 유치 활동을 추진해나가고 있다. 2010년에는 SKAL 서울지부에 이어 SKAL 인천지부도 조직되어 활동 중이다.

9) AACVB

AACVB(Asian Association of Convention & Visitor Bureaus)는 아시아 지역 국제회의 전문기관 및 관련업체의 협력체제 구축을 위해 한국, 싱가포르 등 아시아지역 10개국 NTO가 주축이 되어 1983년 설립된 기구로서 현재는 15개국 47개 기관이 회원으로 가입하여 활동하고 있다.

주요 활동으로는 국제회의 전문전시회 참가를 통한 공동유치 활동전개, 회원국 공동광고, 전문성제고를 위한 교육 세미나 개최 등이 있으며, 우리나라는 상임이사국으로 1986년 연차총회, 1990년 운영회의, 1996년 연차총회를 개최하는 등 한국의 국제회의 유치 및 마케팅 활동을 위한 회원국 간 공조체계를 강화해 나가고 있다. 한국관광공사는 2004년 4월 AACVB 회장국으로 선임되었다.

10) ICCA

ICCA(International Congress & Convention Association)는 국제회의 산업의 발상지인 구주중심의 범세계적 국제회의 관련기구로서 1963년에 설립되어 현재 80개국 850개 단체가 회원으로 가입하여 활동하고 있으며, 본부는 네덜란드 암스테르담에 소재하고 있다.

주요 활동으로는 국제회의와 관련한 각종 정보를 수집·분석하여 회원에게 배포하고 있으며, 국제회의 유치 및 운영 관련 전문프로그램을 실시하는 한편 많은 종류의 국제회의 산업분야 책자를 발간하고 있다. 우리나라에서는 2003년 10월 26~29일에는 제7차 ICCA 총회 및 전시회가 부산에서 개최되었으며 2009년 기준 한국관광공사 등 15개 기관이 가입하여 활동 중에 있다.

제 2 절 컨벤션의 종류

1. 유형별 분류

1) 컨벤션(Convention)

- 정치, 사회, 무역, 과학 등의 다양한 분야에서 특정한 주제에 관심을 가진 참가자들 의 모임
- 연차총회 및 분과회의, 소규모회의, 임시위원회 등의 보완적인 세션으로 구성
- 특정주제 및 정보를 모든 참가자들에게 전달하기 위해 대회의실 및 여러 개의 소회의실이 필요
- 부대행사와 전시회를 동반하는 경우가 많음

2) 컨퍼런스(Confernece)

- 컨벤션과 유사한 의미로 사용되지만 컨벤션에 비해 토론회가 많이 열리고 산업과 무역, 과학, 기술 분야에서 많이 사용
- 프랑스에서는 외교 분야, 미국에서는 회의중심의 국제적 집회에 주로 사용

3) 컨그레스(Congress)

- 유럽에서 주로 사용하는 국제회의
- 미국에서는 의회를 지칭하는 용어
- 컨벤션과 컨그레스와 유사한 용어

4) 포럼(Forum)

- 제시된 한 가지 주제에 대해 상반된 견해를 가진 전문가들이 사회자의 주관 하에 청중 앞에서 패널리스트나 발표자로 나와 공개토론회를 하

는 형식
- 청중들의 질의응답이 자유로움

5) 심포지움(Symposium)

- 포럼과 비슷한 형태이나 포럼에 비해 공식적이고 형식적임
- 청중의 참여기회 제한
- 회의 종결부에서 건의사항과 결론을 보고서로 작성

6) 세미나(Seminar)

- 주로 교육 및 연구목적으로 개최
- 전문가의 발표와 참가자의 질문, 토론으로 진행
- 참가자 수는 포럼이나 심포지움보다 소규모 그룹으로 진행
- 발표자의 일방적 지식 전달 위주

7) 워크숍(Workshop)

- 주로 특정 문제의 해결을 위해 새로운 지식, 기술, 아이디어, 정보 등을 다루는 단기간의 집중적인 교육 프로그램

8) 클리닉(Clinic)

- 참가자에게 특정분야의 지식과 기술을 습득시키고 교육시키며, 문제를 해결하고 분석하기 위해 마련된 소규모 모임
- Golf Clinic, 척추 Clinic 등

9) 강연(Lecture)

- 한사람의 전문가가 개별적인 발표를 통해 진행되며, 청중의 참여가 제한적임

10) 패널(Panel)

- 사회자가 중재자로서 토론을 진행하며, 두 명 이상의 패널리스트가 견해를 발표하고 청중들과의 토론도 자유로움
- 큰 규모의 회의에서 부분적으로 활용

2. 전원회의별 분류

1) 개회세션(Opening Session)

- 개회식(Opening Ceremony)에 이어 개최되며, 회의의 진행하는 기본 절차 등이 논의됨

2) 총회(General Assembly)

- 전체회의로서 임원선출, 예산결산승인, 헌장개정, 연차주요사업확정, 대외결의문 채택 등을 하는 대규모의 공식회의

3) 폐회세션(Closing Session)

- 폐회식(Closing Ceremony)에 이어 개최되며, 회의 성과 및 채택된 사항을 요약, 보고하고 감사 표시를 하는 본회의

제 3 절 컨벤션산업의 파급효과

1. 정치적 효과

1) 긍정적 측면

- 컨벤션유치국가와 지역의 국제적 위상제고

- 컨벤션 유치국가와 지역의 지명도 및 이미지제고
- 각 분야의 영향력 있는 인사들의 참여로 인한 국가와 지역 홍보기회 제공
- 국가 간 교류기반 확대와 외교적 기회 제공
- 평화통일을 위한 외교정책에 기여
- 국제평화 증진
- 국가 간 정치적 협력 증대
- 국제적 상호이해 증진

2) 부정적 측면

- 개최국의 컨벤션에 대한 정치적 이용
- 정치적 목적에 의한 국가와 지역경제의 부담 및 희생

2. 경제적효과

1) 긍정적측면

- 체재일수와 소비액수면에서 부가가치 창출효과
- 관광수지개선효과를 통한 국제수지개선
- 고용증대를 통한 지역경제활성화 수단
- 세수증대 및 사회간접자본 확충
- 최신 정보 및 기술의 입수, 교류효과
- 관광 관련산업의 활성화
- 비수기 타개책으로 활용

2) 부정적측면

- 물가상승으로 인한 인플레이션 발생
- 비전문가 파견으로 인한 재정적 낭비초래
- 타당성조사의 부실로 인한 재정적자 초래
- 컨벤션개최 후 유휴시설화로 인한 부채증가

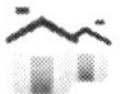

3. 사회문화적효과

1) 긍정적측면

- 개최지역의 전통문화 계승 및 발전
- 사회기반시설의 개선, 정비 및 확충
- 생활환경개선
- 지역민의 세계시민의식 함양
- 지방의 세계화(Globalization)에 기여
- 이문화 수용능력 증대

2) 부정적측면

- 전통문화의 상품화
- 지방의 고유성 왜곡 및 상실
- 사회적 병폐현상 증대
- 소비문화의 확산
- 보안문제로 인한 치안업무 증가
- 시위확산으로 인한 시민생활 불편초래
- 일반관광객의 숙박문제 초래

제 4 절 컨벤션산업의 구조

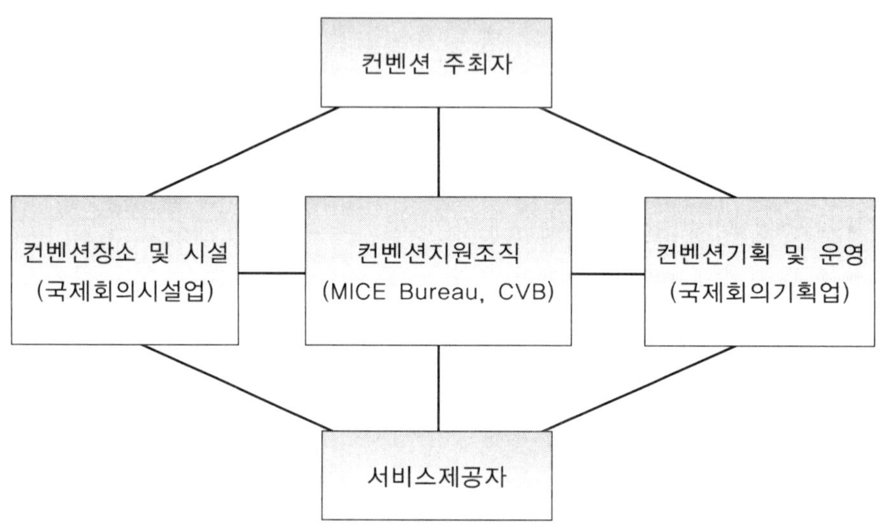

그림 2-1 컨벤션산업의 구조

1. 컨벤션주최자

1) 기업회의

(1) 기업회의 특성

- 필요시 상시개최와 개최시기가 일정하지 않음
- 준비시간이 1년 미만으로 짧음
- 강제력이 있음
- 비용의 대부분을 회사의 마스터계정으로 지불하기에 비용부담이 적음
- 회사에서 지정한 사람만 참가하므로 숫자가 적음
- 참석인원의 사전 파악 가능하므로 회의 기획가에게 편리함
- 가족을 동반하는 경우가 거의 없음
- 개최장소는 외부환경으로부터 보안이 철저한 지역을 선호하며 동일장

소가 많음

(2) 기업회의 종류

- 상품판매촉진회의: 상품판매촉진과 관련된 사람들이 의무적으로 참석하며 참가자들은 회사업무의 연장으로서 회의에 참석
- 신상품개발 및 발표회: 신제품을 일반대중이나 중간 도소매업자들에게 소개하고 전시하는 회의
- 세미나와 워크숍: 신입사원과 기존사원들을 중심으로 지속적인 교육과 훈련을 위한 회의
- 경영자회의: 분위기가 다소 경직된 회사에서 벗어나 호텔이나 리조트 등지에서 개최하며 회사의 상황이나 전망, 그리고 업계동향 등을 논의하는 회의. 오락이나 골프 등 스포츠를 동반할 때 효과적임
- 주주총회: 기업의 정관에 따라 의무적으로 적어도 일년에 한번 주주총회를 개최 함. 새로운 임원선출이나 경영상태와 영업성과를 보고하고 새로운 사업 현황에 대해 설명하는 회의
- 인센티브회의: 우수한 실적을 올린 사원들이나 경영진들에게 보상을 하거나 사기를 북돋아주기 위한 회의

2) 협회회의

- 협회(Association)는 회원들의 공통된 이해를 증진시키거나 보호하는 것을 핵심과제로 하여 전문적인 활동을 전개하는 조직임

(1) 협회회의의 개최목적

- 회원들의 의견교환과 새로운 정보/추세 파악
- 협회의 재원 확보수단(등록비와 가입비, 부스임대비, 기념품 및 교육자료 판매비)
- 협회 홍보와 회원 단합
- 신기술이나 상품, 정보의 소구

(2) 협회회의의 종류

- 무역관련협회(Trade Association)
  무역이나 산업과 관련되는 협회는 주로 단일 산업 내에 있는 제조업자, 도소매업자 등이 참여하여 회원들 간의 정보교환과 신상품의 전시 및 소개를 할 수 있는 기회 제공. 매년 개최되는 경우가 많고 회의와 함께 전시회나 무역박람회를 동반함.
- 전문가협회(Professional Association)
  분야별 전문가들의 모임인 협회로서 한국관광협회, 한국변호사협회, 한국의사협회, 대한 건축사협회 등이 있음. 지역별 지부에서 모여 학술대회, 보스교육 등 워크숍 등을 개최함
- 교육관련협회(Educational Association)
  학교나 교육기관에 종사하는 사람들로 구성된 협회로서, 한국관광학회, 국제관광학회, 호텔경영학회, 한국문화관광학회, 한국휴양공원학회, 아시아태평양관광학회 등 국내 혹은 국제적인 학회 등이 있음
- 과학기술협회(Scientific & Technical Association)
  과학이나 기술 분야에 종사하는 사람들이 서로 정보교환과 친목도모를 목적으로 하는 회의

(3) 협회회의의 특성

- 개최시기: 협회회의는 일년에 1~2회, 2년에 한번 열리는 경우가 많고 회의준비기간 은 1~2년 정도이며, 회의기간은 3~5일 정도 개최함
- 회의참가: 참가자자신의 의사에 따라 결정되며 회의참가에 대한 모든 비용을 자신이 부담함
- 회의장소: 협회의 성격, 규모, 예상참가자수, 재정상황 등에 따라 상이함. 장소선정에 대한 의사결정은 협회이사회, 집행부, 컨벤션기획가 등이 하며, 매년 각 지 역을 순회하며 개최됨. 가족동반의 경우가 많고 리조트지역을 선호함

(4) 협회회의의 종류

- 협회총회나 연례회의: 새로운 임원의 선출이나 관련 법규의 개정, 회원

들 간의 친목 도모, 새로운 문제에 대한 대응을 위해 개최

- 지역별회의: 지역지부의 월례회의나 지역 분기별회의
- 세미나와 워크숍: 지속적인 교육훈련을 위해 정기적으로 개최
- 컨퍼런스: 전문적이고 학술적이며 기술적인 주제를 다루기위한 회의
- 임원회: 새로운 문제와 중요한 의사결정시 토의 및 의결을 위해 정기적으로 소수의 임원들이 모여 비공개적으로 개최됨

표 2-1 협회회의와 기업회의의 비교

구분	협회회의	기업회의
회의개최이유	필수적	임의적
회의개최지 의사결정	협회집행부, 협회장 등 다양	회사대표, 마케팅부서, 교육부서 등
회의개최건수	개최건수 적고, 참여자수 많음	개최건수 많고, 참여자수 적음
비즈니스 가능성	순회개최로 유치가능성 낮음	유치가능성 높음
객실예약	숙박인원의 변동성 참조	숙박인원 변동성 적음
가격민감성	개최장소 임대료, 객실요금에 민감	협회회의보다 덜 민감
참가자 동일성	다양	동일
참가의 강제성	자발적	강제적
가족/동반자 참가여부	일반적	거의 없음
전시회개최	거의 동반	가끔 동반
개최장소 선택	매력적인 관광지/리조트 선호	편의성, 서비스, 보안 요구
지역적 개최성향	지역별 순회 개최	일정하지 않음
준비기간	길다(1년 이상)	짧다(1년 미만)
지불형식	개인 참가비	회사에서 지불
취소위험	낮다	높다
CVB관여여부	높음	낮음
예약절차	우편예약/호텔내 사무국 담당	회사에서 투숙객명단 제공
예산	유동적	고정적

3) 정부회의

- 정부의 부처에서 현안의 토의를 위해 개최
- 지역주민이나 관계자와의 공청회

- 공무원들의 연수 및 교육목적을 위해 개최
- 국제적인 현안을 위한 국가간 회의 개최
- 선진국이나 중립국의 개최건수가 빈번함
- 의전과 VIP접대에 관한 사항이 강조
- 국가별 대표의 개별공간 및 통번역서비스, 광범위한 미디어 시설의 필요성

4) 비영리조직회의

- 비영리조직으로서 SMERF(Social, Military, Education, Religion, Fraternal Group)
- 협회회의와 중복되는 부분이 있음
- 객실요금과 식음료가격에 민감
- 비수기에 주로 개최되어 비수기 타개책으로 활용
- 사교친목모임(Social Group Meeting): 취미, 관심사, 출신분야, 동일민족 등의 다양 한 모임으로 마라톤동호임 모임, 인터넷동호임 모임, 연예인 펜클럽 등이 있음
- 군인단체모임(Military Group & Reunions Meeting): 현역군인이나 전쟁참여군인, 재향군인회, 특정부대 동기모임 등 친목도모와 새로운 현안을 협의하기 위한 회의. 동문회, 동기회와 같이 학연으로 맺어진 단체에서 주관하는 회의. 특정 지방이나 지역출신인사들의 연말회의나 종친회 등의 회의.
- 교육관련단체모임(Educational Meeting): 회원의 특성상 방학중에 개최되며, 회의프로그램을 최대화하고 사교모임은 최소화하는 경향이 있으며 총화와 세션별 회 의장으로 나누어서 개최됨
- 종교관련단체모임(Religious Meeting): 종교와 관련된 직업을 가진 사람들의 집단과 특정 종교를 믿는 신자나 종교단체 회원들에 의한 회의
- 대학생동호회모임(Fraternal Meeting): 대학내에서 혹은 다른 대학과 연계하여 공통 적인 취미나 관심사를 다루거나 장학회 소속의 학생들

이 만든 동아리 혹은 모 임에서 주최하는 회의

2. 컨벤션기획 및 운영: PCO

1) 기업회의기획가

- 한 기업의 종업원, 경영진, 그리고 소유주들과 관련된 회의의 모든 세부 사항들을 기획하고 실시하는 것을 책임지는 사람
- 기업회의기획가는 체재일수가 짧고 참석자에 대한 리스트를 사전에 얻을 수 있으므로 참가인원의 숫자를 예측하기 쉬우나 일정한 주기나 패턴이 없이 개최되는 경우가 많기 때문에 회의개최가 늦게 결정되고 준비시간이 짧은 관계로 빠르게 대처할 필요가 있음

2) 협회회의기획가

- 협회가 회의기획분야에 정식직원을 가지고 있지 않은 경우에 해당 협회의 일을 담당 함
- 컨벤션 개최여부와 일자, 장소선정 등은 협회장이나 이사진에서 정해지기 때문에 협회 회의기획가는 협회관련자와 협조하면서 회의를 계획하고 운영함

3) 정부기관회의기획가

- 정부회의기획가는 그 업무영역이 다른 민간부분과 일치하지만 경제적인 제한 속에서 효율적인 회의기획과 운영이 요구됨

4) 독립적인 회의기획가

- 독립적인 회의기획가는 회의와 컨벤션업무에 관하여 전문지식을 갖춘 사업자임
- 회의기획가를 정식직원으로 고용하지 않은 협회 혹은 기업과 계약형태
- 전체회의를 관장하는 경우와 부분적으로 참여하는 경우가 있음

- 한 개인이 독립적으로 운영하는 경우와 회의기획가들이 모여 전문적인 회사를 운영 하는 PCO형태가 있음

5) 국제회의전문업체(PCO:Professional Convention Organization)

- 국제회의 개최와 관련된 다양한 업무를 행사주최측으로부터 위임받아 부분적 혹은 전체적으로 대행해주는 영리업체 또는 개인.
- PCO가 사람일 경우 회의기회가(meeting planners), 코디네이터 (coordinator), 이벤트매니저(event manager)라고 함
- 정부조직이나 기업에서 자체적으로 컨벤션을 담당하는 부서가 없을 경우 컨벤션업무를 전체적 혹은 부분적으로 위임 받음
- 관광진흥법에 의한 정의: 대규모 관광수요를 유발하는 국제회의의 계획, 준비, 진행 등 필요한 업무와 행사를 주관하는 자로부터 위탁받아 대행하는 업

(1) PCO의 역할

- 한국관광공사, 문화체육관광부, 산업자원부, 대한무역진흥공사 등 정부기관 및 공공 기관과의 협력
- 컨벤션유치를 위한 공동협력방안 연구와 촉진활동의 실행
- 주최측으로부터 위임받은 컨벤션의 성공적인 개최와 운영을 위한 주최측과의 협조 와 제반업무의 조정
- 여행사, 항공사, 호텔 등 관련업체와의 긴밀한 업무협조

표 2-2 PCO의 세부업무

분야	주요업무	분야	주요업무
기획	- 기본 및 세부추진계획서 작성 - 회의장 및 숙박장소 선정 - 예산서 작성 - 행사준비일정표작성 - 행사안내 전문요원 모집 및 선정 - 행사결과보고서 작성	회의 준비	- 각종 회의장 확보 - 회의장도면 및 진행시간표작성 - 연설문, 발표문 원고접수 - 회의록작성 - 프로그램 기획 및 제작 - 전문인력 확보 및 교육 - 각종기자재 수급

등록	- 등록절차계획수립 - 등록시 소요물품 목록 작성 - 참가등록신청서 기획 및 발송 - 참가등록시 전산입력 및 자료 관리 - 현장등록장소 선정 및 배치도 작성 - 등록안내요원 선정 및 교육 - 참가등록자 명단 및 명찰발급 - 현장등록대 설치 및 운영	숙박	- 객실확보 계획 수립 - 호텔과의 객실 사용계획 - 참가자에 대한 숙박예약양식 작성 및 발송 - 숙박예약 및 예약금 접수 - 호텔에 예약 명부 및 예약금 전달 - 객실배정계획수립 - 전체숙박명부작성 및 현장배포
수송	- 수송 및 관광실행계획 수립 - 입출국 버스운행계획수립 - 셔틀버스 운행계획수립	의전	- 입출국 절차 계획수립 - VIP공항 귀빈실이용 절차수립 - 공항 영접대 설치 - 미수교국 참가자 입국절차 및 경호계획 - 참가자 출국 확인
관광	- 관광지 선정 및 답사 - 관광프로그램 개발, 신청서 작성 - 공식지정 여행사 선정 - 관광안내데스크 운영 - 관광차량수배 및 예약	사교 행사	- 각 행사별 시나리오 작성 - 초청인사 선별, 초청장 제작 발송 - 초청인사 참가여부확인 - 행사장 도면 작성 - 행사진행 프로그램 작성 - 행사별 요원 선정 및 교육 - 사회자 수배 및 연설문작성 - 행사장 설비 및 장비점검
홍보	- 홍보계획 수립 - 행사안내계획서 기획, 디자인, 제작 - 회의프로그램 기획, 디자인, 제작 - 안내책자 제작 및 배포 - 보도자료 및 기자회견 준비 - 프레스센터 운영 - 현장 전속 사진기사수배 및 추천 - 가두 설치물 제작 - 뉴스레터 제작 및 배포	재정	- 전체예산의 세부실행계획수립 - 자금확보 및 스폰서지원계획 - 회계장부 관리 및 지원계획 - 조달계획 및 출납관리 - 대회결산보고서 작성

자료: 황희곤· 김성섭(2002), 「미래형 컨벤션산업론」, 242~243쪽 내용 재구성.

3. 컨벤션장소 및 시설

1) 컨벤션전용시설

- 국제회의산업육성에 관한 법률 시행령(2011년 2월25일) 제3조 국제회의시설의 종류·규모에서 국제회의시설은 전문회의시설·준회의시설·전시시설 및 부대시설로 구분한다.

- 전문회의시설은 다음 각호의 요건을 갖추어야 한다.〈개정 2011.2.25〉
  - 2천인 이상의 인원을 수용할 수 있는 대회의실이 있을 것
  - 30인 이상의 인원을 수용할 수 있는 중·소회의실이 10실 이상 있을 것
  - 옥내와 옥외 전시면적을 합쳐서 2천제곱미터 이상 확보하고 있을 것

- 준회의시설은 국제회의의 개최에 필요한 회의실로 활용할 수 있는 호텔연회장·공연장·체육관 등의 시설로서 다음 각호의 요건을 갖추어야 한다.〈개정 2011.2.25〉
  - 200명 이상의 인원을 수용할 수 있는 대회의실이 있을 것
  - 30인 이상의 인원을 수용할 수 있는 중·소회의실이 3실 이상 있을 것

- 전시시설은 다음 각호의 요건을 갖추어야 한다. 〈개정 2011.2.25〉
  - 옥내와 옥외 전시면적을 합쳐서 2천제곱미터 이상 확보하고 있을 것
  - 30인 이상의 인원을 수용할 수 있는 중·소회의실이 5실 이상 있을 것

- 부대시설은 국제회의의 개최 및 전시의 편의를 위하여 제2항 및 제4항의 시설에 부속된 숙박시설·주차시설·음식점시설·휴식시설·판매시설 등으로 한다.

▌표 2-3 ▌국제회의시설 현황

구분	시설	수용인원(대회의장)
컨벤션센터	9개소	28,100석
호텔회의장	131개소	96,946석
준회의장	43개소	43,577석
계	183개소	168,623석

자료: 한국관광공사, 2009년 기준

▌표 2-4 ▌전문 국제회의장 건립현황

개관년도	시설명	규모	
		대회의장	전시장
2000년	코엑스(COEX)	7,000	36,027
2001년	대구전시컨벤션센터(EXCO) 부산전시컨벤션센터(BEXCO)	4,200 2,800	11,616 33,183
2003년	제주국제컨벤션센터 (ICC JEJU)	4,300	2,394
2005년	창원전시컨벤션센터(CECO) 한국국제전시장(KINTEX) 김대중컨벤션센터	500 2,000 2,000	9,259 53,975 10,200
2008년	송도국제컨벤션센터 대전컨벤션센터	2,000 2,000	8,416 2,500

자료: 한국관광공사, 2010년 3월 기준

2) 컨퍼런스센터

- 컨퍼런스센터는 20명에서 50명 정도의 인원으로 중소규모의 회의를 열기에 적합한 곳
- 컨퍼런스센터는 회의장 및 객실, 식음료기능을 갖춘 컨터런스센터 전용시설에서 리조트 컨퍼런스센터, 회사 내의 컨퍼런스센터, 비영리기관내의 컨퍼런스센터까지 다양함
- 준회의시설로서 중요한 역할
- 대표적인 준회의시설로서 컨퍼런스센터는 올림픽공원, 세종문화회관, 예술의 전당, 63 빌딩, 프레스센터, 리틀엔젤스 예술회관, 한국소리문

화의 전당, 엑스포과학공원, 그리 고 각 대학의 기념관, 전경련회관, 상공회의소, 각 시도 예술회관 등에서 개최

3) 관광호텔

- 호텔은 객실상품이외에 컨벤션기능을 상품화함으로써 호텔영업을 보완
- 우리나라의 호텔회의장은 131개 호텔에 약 10만석의 수용력을 갖추고 있음
- 전체국제회의 개최건수의 43%를 점유
- 국제회의개최건수는 호텔 신라, 쉐라톤 워커힐, 힐튼 호텔, 호텔 롯데, 그랜드 인터콘티넬탈호텔 순
- 컨벤션시설을 갖추고 있는 대다수의 호텔이 서울에 편중

4. 컨벤션지원조직:CVB

1) MICE Bureau

- MICE산업은 Meeting, Incentive Travel, Convention, Exhibition을 유치하여 서비스를 제공하는 과정과 연관 산업을 포괄적으로 지칭하는 개념
- 최근 정부 차원에서 17개 신 성장 동력 산업 중 하나로 선정
- MICE산업은 대규모의 회의장이나 전시장 등 전문시설을 갖추고 국제회의, 전시회, 인센티브 투어와 이벤트를 유치하여 회의 진행관련 각종 서비스 제공을 통해 경제적 이익을 실현하는 산업으로 숙박, 관광, 유통 등 관련 산업과 유기적으로 결합되어 있는 고부가가치 산업

2) MICE의 유형

- Meeting

  세계가 글로벌화, 정보화 등으로 급속히 변화됨에 따라 발생하는 사회변화의 속도에 대응하기 위하여 정부, 지방자치단체, 각종 이익단체,

기업 등에서 세미나, 심포지엄, 포럼 등의 형태로 개최

- Incentive Tour

  각종 국내외 회의 및 행사에 참여한 사람들이 행사기간 동안 회의 및 미팅에만 참여하지 않고 공식적인 행사가 끝난 후 다양한 유형의 관광을 하는 형태

- Convention

  학계, 업계, 기업 등이 개최하는 회의로 MICE 중에서 가장 참가자가 많은 대상

- Exhibition

  기업들이 대외적인 홍보로 활용하고 있는 수단으로 주로 경제적인 측면에서 파급효과가 큰 형태이며, 기업이 주체가 될 경우 마케팅 설명회, 판촉전, 전시회 등의 형태로 개최

3) CVB

- 비영리를 목적으로 운영되고 회의개최기구의 우산역할을 하며 회의유치나 도시에 대한 서비스 제공과 마케팅을 담당
- CVB는 작게는 지역, 크게는 국가차원으로 대표되는 기관
- 개최지마케팅조직(DMO : Destination Marketing Organization)역할 수행
- 국제컨벤션뷰로협회(International Association of Convention and Visitors Bureau는 '컨벤션뷰로는 여행자들이 비즈니스나 쾌락을 목적으로 한 방문과 도시지역과 도시를 방문하는 모든 형태의 여행자를 불러들이고 서비스를 제공하는 도시나 지역을 대표하는 비영리 총괄기구(Non-for-profit umbrella organization)' 라고 정의

(1) CVB의 기능

- CVB의 기능은 관광목적지 및 컨벤션 개최지로서의 마케팅, 회의개최를 위한 서비스 제공, 도시이미지 창출, 국제회의 유치・개최 정보 수집, 이벤트 기획・관리, 방문객 및 컨벤션 시설관리 등으로 나눌 수 있음

- 관광목적지 및 컨벤션 개최지로서의 마케팅 : CVB 임무 성격상 컨벤션 세일즈를 담당하는 마케팅 부서가 조직 내에서 가장 크며, 각종 회의, 전시 등 컨벤션의 유치를 도모하고 관광객의 도시 방문에 관해 문의하는 모든 사항에 대한 정보 제공
- 회의개최를 위한 서비스 제공 : 확정된 행사에 대하여 사전준비 단계에서부터 실제 행사기간까지 각종 서비스를 제공. 행사 전 단계에서는 주최자나 컨벤션 기획사에게 다양한 정보와 컨벤션 참가 촉진활동, 숙박시설에 관한 정보제공 및 숙박 업무지원 등의 편의를 제공하며 참가자들과 주최 측 모두에게 one-stop 서비스 센터로서의 역할을 수행
- 도시이미지 창출 : 도시의 이미지를 개발하여 관광 및 컨벤션 목적지로서 경쟁력을 갖도록 하기 위해 해당 도시의 이미지를 개발하고 미디어를 활용하여 널리 홍보함으로써 잠재고객에게 우호적인 이미지를 심어줌
- 국제회의 유치·개최 정보 수집 : 각종 국제회의 및 전시회를 유치하기 위하여 유치 및 개최 정보를 수집하여 직접 활용하거나, 관련단체 및 개인들에게 제공(정보 수집을 위해 각국의 CVB를 회원으로 두고 있는 국제컨벤션뷰로협회(IACVB)의 데이터베이스 활용)
- 이벤트 기획·관리 : 지역 이벤트를 전체 마케팅 계획에 포함시키고, 이미지창출을 도모하며, 기술적, 재정적 지원을 제공하여 지역경제 활성화에 총력을 기울임
- 방문객 및 컨벤션 시설 관리 : 방문객 및 컨벤션 참가자를 통해 목적지(개최지)의 경제 활성화를 책임 맡은 CVB는 컨벤션 센터의 개발, 마케팅, 관리 등에 관한 지침과 방향을 제공. CVB는 총괄적인 컨벤션 센터의 마케팅 프로그램을 시설측과 함께 개발하여, 컨벤션 기획사와 컨벤션 주최 측에게 시설에 대한 그들의 인지도를 향상시키며 컨벤션센터와 긴밀한 협력관계를 유지

(2) CVB의 유형

- 관주도형 컨벤션뷰로
  - 국가 및 시·도 등의 지방자치단체의 재원으로 설립·운영되는 형태로 정부기관에 소속

- 재원은 정부에서 전액지원, 정부차원의 재정지원 및 세제혜택
- 국제회의 유치 및 홍보, 국제회의 운영지원 및 프로모션, 홍보물의 제작 및 배포
- 재정의 안정적 확보, 조직과 인력의 관리 및 통제 용이, 해당시설을 지역사회의 시설 로 활용가능
- 환경대응력 미약, 창의적 책임경영마인드 부족, 인센티브도입의 제약 등 단점

• 반관반민형 컨벤션뷰로
- 민간의 효율성과 행정의 공공성을 활용하여 정부와 민간이 공동 출자하여 운영
- 제3섹터형으로 재단법인의 형태
- 재원은 지방정부의 보조금, 회비, 사업수익 등으로 조달
- 주요활동은 국제회의의 기획 및 유치활동, 개최지의 홍보 및 마케팅, 국제회의 관광 도시 및 리조트지역 조성 자문
- 정부의 정책적 지원 확보 및 민관협력의 기회 제공
- 사업의 연속성과 운영독립성의 한계, 민관의 조직 내 갈등소지 상존, 직원의 순환보 직으로 전문성 미흡

• 민간주도형 컨벤션뷰로
- 민간인이 출자하여 운영되는 형태
- 재원은 호텔객실료, 정부보조금 또는 일반세, 회비, 식당세 및 기타수입으로 조달
- 국제회의 홍보 및 마케팅, 국제회의 정보 제공 및 컨설팅
- 창의적 책임경영, 인센티브를 통한 전문가 참여의 활성화
- 정부정책적 지원의 미흡, 자체 재원조달의 부담, 민간기업의 참여의지 불확실

쉼터 한국의 CVB 현황

☞ 서울컨벤션뷰로

서울관광마케팅의 한 부서인 서울컨벤션뷰로MICE(Meetings, Incentives, Conventions and Exhibitions) 산업을 전담하는 기구다. 서울컨벤션뷰로는 컨벤션도시로서의 서울을 알리기 위한 해외 마케팅과 홍보활동을 담당하고 있다. MICE 이벤트에 대해서 유치, 개최, 홍보 지원서비스를 제공하고, 컨벤션 전문가를 양성하기 위한 특별한 프로그램을 개발하고 교육하고, 지원을 확대하며, MICE산업 전체를 활성화 시켜나가고 있다.

- 전화 : 02-3788-0821~4
- 팩스 : 02-3788-0899
- 주소 : [100-768]서울특별시 중구 저동1가 1-2번지 나라키움빌딩 8층 서울관광 마케팅(주)서울컨벤션뷰로
- E-mail : mice@seoulwelcome.com
- 웹사이트 : www.miceseoul.com

☞ 인천관광공사

인천관광공사는 관광마케팅 · 개발, 송도컨벤시아(컨벤션센터) 및 호텔 운영은 물론 인천컨벤션뷰로 운영으로 MICE, Event 유치활동에서부터 성공적 개최지원까지 최고의 MICE 서비스 시스템을 갖춘 One Stop MICE Bureau로 국제회의 유치자문, 사전홍보활동, MICE 전문인력 지원 등 다양한 MICE 서비스를 제공하고 있다.

- 전화 : 032-220-5070~3
- 팩스 : 032-220-5008

- 주소 : [406-840] 인천광역시 연수구 컨벤시아대로 233 베니키아 프리미어 송도브릿지호텔 4층 인천관광공사
- E-mail : cvb@into.or.kr
- 웹사이트 : www.into.or.kr

☞ 부산컨벤션뷰로

컨벤션 참가자의 편의를 최대한 제공하고 있는 부산 컨벤션뷰로에서는 숙박시설, 비행기, 철도 등의 교통시설을 할인하는 한편, 개최지원금 제공, 홍보활동 등을 지원하고 있다. 또한 컨벤션과 연계한 관광 패키지 상품을 개발하는 한편, 관광명소 안내 및 투어맵 지원 등의 관광서비스 제공으로 더욱 풍성한 컨벤션을 준비하도록 도와준다.

- 전화 : 051-740-3600
- 팩스 : 051-740-3640
- 주소 : [612-704]부산시 해운대구 우2동 1500 BEXCO 213-A호
- 웹사이트 :www.busancvb.org

☞ 대구컨벤션뷰로

컨벤션 산업 활동을 촉진하기 위한 도시 이미지 제고의 역할과 방문객 수 증대를 위한 홍보활동, 컨벤션 관련 정책자문과 시장조사를 담당하고 있는 대구 컨벤션뷰로는 사전답사 지원, 홍보물과 정보제공 등의 다양한 서비스를 제공하고 있다.

- 전화 : 063-601-6213
- 팩스 : 063-601-6298
- 주소 : [702-012]대구광역시 북구 산격2동 1676번지 EXCO 4층

- E-mail : info@daegucvb.com
- 웹사이트 : www.daegucvb.com

☞ 대전컨벤션뷰로

국제행사 유치에서부터 개최까지 원스탑서비스를 제공하는 대전컨벤션뷰로는 대전컨벤션센터, 숙박시설, 연회 등을 직접 운영하고 있다. 사전 마케팅 활동과 대전사전답사지원 유치지원을 위한 서비스를 지원하고 있으며, 숙박장소와 개최장소 예약 및 협상에서부터 문화이벤트개최, 대전홍보물 제공, 준비/운영인력지원 등의 다양한 개최지원서비스를 제공하고 있다.

- 전화 : 042-821-0142~3
- 팩스 : 042-821-0109
- 주소 : [305-340]대전광역시 유성구 도룡동 4-19
- E-mail : admin@daejeoncvb.or.kr
- 웹사이트 : www.dcckorea.or.kr

☞ 광주컨벤션뷰로

광주관광컨벤션뷰로는 컨벤션산업의 전문적 육성을 통한 국제회의도시의 위상을 제고하고 다양한 국제회의 및 행사 등을 유치, 지역경제 확성화 및 관광발전을 도모한다. 또한 지역 컨벤션산업 인프라와 관광자원을 활용한 도시마케팅 및 이를 통한 지역브랜드 가치를 강화함으로써 광주도시 경쟁력을 강화하는데 노력하고 있다. 광주관광컨벤션뷰로는 국제기구, 단체, 대학, 산업계와의 유기적인 협력 관계를 구축하여 국제회의도시로서 손색이 없는 특급호텔과 회의장을 제공한다.

- 전화 : 062-611-3620
- 팩스 : 062-611-3612

- 주소 : [502-828] 광주광역시 서구 치평동 1159-2 (김대중컨벤션센터 컨벤션동 1층)
- E-mail : convention@gwangjucvb.or.kr
- 웹사이트 : www.gwangjucvb.or.kr

☞ **제주컨벤션뷰로**

제주 컨벤션뷰로에서는 컨벤션 유치마케팅, 전차대회 현장홍보활동, 컨벤션 유치 미치 개최 지원, 제주의 해외홍보, 회의 답사지원, 컨벤션 DB구축, 전문인력 양성 등의 지원정책을 펼치고 있다. 또한 호텔, 항공업체 컨벤션 요금제공과 관광상품 제공 등 세세한 부분까지 빠짐없이 지원하는 감동 서비스를 제공한다.

- 전화 : 064-739-1801~4
- 팩스 : 062-739-1805
- 주소 : [690-815] 제주특별자치도 제주시 연동 313-80 제주웰컴센터 2층
- E-mail : webmaster@jejucvb.or.kr
- 웹사이트 : 제주 컨벤션뷰로 www.jejucvb.or.kr / 제주MICE 원스탑정보서비스

5. 컨벤션 서비스제공자

1) 지역컨벤션대행업체(DMC : Destination Management Company)

- DMC는 컨벤션개최지의 모든 여건에 대해 잘 알고 있기 때문에 컨벤션 주최자나 컨벤션기획가를 위해 코디네이터역할을 할 수 있음

2) 통번역업체

- 통번역이 필요한 국제회의에서 통번역의 질에 따라 회의의 성패가 결정
- 순차통역은 발언자의 발언이 끝날 때마다 통역자가 통역하는 방식으로 회의시간이 2배 이상 걸리지만 정확한 통역이 가능
- 동시통역은 발언자의 발언을 직접 전하는 일대일통역과 부스에서 참석자에게 이어폰을 통해 번역해주는 방식

3) 인력용역업

- 국제회의 준비단계에서 번역자, 타이피스트, 브로슈어제작자 등이 필요함
- 회의중에는 등록요원, 슬라이드, 영사기사, 조명, 음향기술요원 등 스텝이 필요

4) 여행업

- 국제회의 전후 관광프로그램, 동반자프로그램, 셔틀버스의 운행 등 전적으로 여행사에 일임

5) 인쇄업

- 외국어 인쇄물을 제작한 경험 있는 업체 선정

6) 장식 및 간판업

- 장식과 간판은 국제회의뿐만 아니라 일반연회와 강연회 등에도 필요
- 호텔과 회의장을 통해 장식과 간판업무 위탁

7) 사진/슬라이드/영화/비디오업

- 스냅사진의 경우 회의장과 호텔이 평소 거래하고 있는 사진관에 의뢰
- 회의기록을 위한 사진, 슬라이드, 영화, 비디오 등은 전문업자에게 의뢰

8) 소도구 및 기념품 제조업

- 국제회의 주제에 부합하는 모양이나 필기도구에 아름다운 전통 문양을 새겨 넣는 방식으로 한국의 전통을 알릴 수 있는 기념품 제공
- 기념품제작 업체 선정 시 신뢰 있는 업체의 실적, 규모, 견본 등을 면밀히 검토

9) A/V 장비임대업체

- 컨벤션개최를 위해 음향영상설비(A/V facilities)가 필수적임
- 최근 컨벤션 전용시설에는 모든 음향영상설비가 이미 장착되어 있음
- 준회의시설이나 국제회의 전용시설이 아닌 장소에서는 A/V장비임대업체와의 계약 임 대 필요

10) 의사/간호사

- 국제회의에는 상이한 식생활문화를 가진 참석자들이 대거 참석하는 관계로 의무실 확보가 필요함

제2부

컨벤션기획 실무

제 3 장 컨벤션 기획과정

제 1 절 컨벤션 기획과정

- 컨벤션기획이란 컨벤션개최목표를 설정한 후에 컨벤션이 유치, 개최 및 운영에 관한 구체적인 절차를 수립하고 이 과정에서 발생할 수 있는 문제를 예측하고 해결함으로써 컨벤션 개최목표를 효과적으로 달성하기 위한 일련의 조직활동
- 즉 컨벤션기획은 먼저 컨벤션의 개최가능성과 필요성에 대한 타당성조사를 실시하여 컨벤션을 유치하고 개최할 목표를 수립
- 그리고 그 목표를 효과적으로 달성하기 위해서 구체적이고 체계적인 방법과 절차를 작 성하는 것

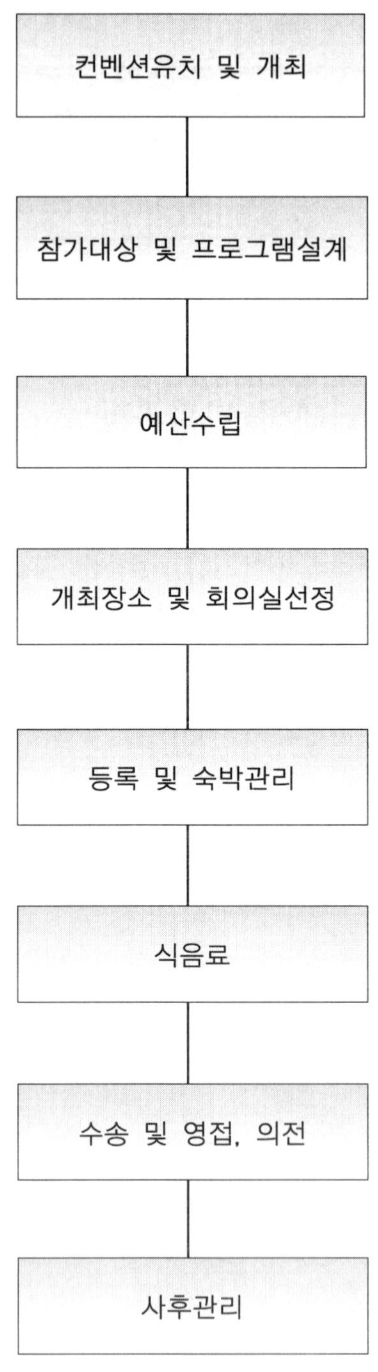

▌그림 3-1▐ 컨벤션기획과정

제 4 장 컨벤션 유치 및 개최

제 1 절 목표설정과 사전조사

- 컨벤션주최자는 국제회의 개최목적과 성과지표를 명확히 설정
- 기획자는 행사주최자와 함께 컨벤션 개최이유를 확인하고 조직의 목표를 이해
- 사전조사는 컨벤션 개최여부에 관한 의사결정 및 유치활동을 하기 전에 컨벤션유치 및 개최에 관한 정보를 체계적이고 객관적으로 분석하여 컨벤션개최 여부에 관한 의사결정의 지표를 삼기 위한 일련의 활동

제 2 절 유치조건검토

- 주최 측의 국제무대에서의 주요활동과 국제적인 위상 분석
- 과거 회의 개최실적, 개최장소, 시기 등으로 컨벤션의 규모 예측
- 소요예산 검토
- 후원금의 확보가능성 및 협회 본부지원 가능성 여부 검토
- 회의개최시기 검토
- 개최장소 및 숙박장소의 검토

- 교통편과 편의성, 접근성 검토
- 예상참가자의 출입국상 문제점 및 정부 주요인사 참석여부 검토

컨벤션유치절차는 대부분 공개적으로 다음과 같은 절차를 따른다.

- 전세계의 국제기구 및 그에 가입한 국내의 협회나 단체현황 파악
- 유치가능성 높은 컨벤션 확인 후 국내협회에 컨벤션 개최여부 확인
- 해당 컨벤션 본부로부터 제공받은 회의의 제반사항을 분석하여 유치조건 및 타당성 검토
- 국제협회에 가입한 국내 협회지부에서 컨벤션유치 결정
- 유치위원회 구성
- 유치시기 및 자금조달방안 마련
- 유치신청서류 작성 및 제출
- 컨벤션유치활동 전개
- 국제협회의 개최신청장소 현지답사 및 최종개최지 선정

1. 조직위원회

- 조직위원회는 컨벤션의 준비와 운영에 대한 최고의사결정기구로서 실무조직으로 구성

- 최고 의사결정기구는 위원장, 부위원장, 고문, 위원 등으로 구성
- 조직위원회 하부조직으로는 각 분과위원회 및 실무조직인 사무국을 두게 된다.
- 조직위원의 구성자격은 다양한 분야의 경험소유자, 국제적인 지명도가 있는 자, 국제회의 전문가 등으로 위촉

2. 대회장/명예회장

- 행사에 대한 중요의사결정 및 조언을 제시
- 일반적으로 본 행사 개최에 가장 공헌을 한 사람으로서 해당 분야에 덕망과 자질을 갖추어야 함

3. 자문위원회

- 행사전반에 관한 조언
- 일반적으로 해당분야의 원로들로 구성

4. 조직위원장

- 행사의 구심점으로 행사 전반에 있어 최고 결정권을 행사

5. 사무총장

- 행사전반에 대한 관리를 비롯하여 자금관리와 사무관리를 관장

6. 사무국

- 사무국은 컨벤션 준비기간 중에 국제기구본부와의 연락을 담당하고 준비위원회를 지원

- 각 분과위원회 준비업무도 조정
- 사무를 담당하며, 행사 후에는 잔무정리 및 사후관리
- 사무국직원은 실제적으로 일을 할 수 있는 전문가로 구성되며, 파견요원 및 관계전문가 혹은 컨벤션용역업체를 활용

7. 기획위원회

- 행사의 전체적인 진행계획을 수립하고 각 위원회 업무를 배정하며 조정역할

8. 분과위원회

- 주최조직과 준비위원회의 결정에 따라서 구체적인 행사준비 및 운영
- 분과위원회는 실제로 업무를 담당하는 조직으로서 숙박, 행사장, 수송, 관광 등을 준비 하고 이를 진행
- 각 위원회별로 위원장, 부위원장, 위원들로 구성되어 위원회의 고유업무를 수행

1) 홍보분과위원회

- 국내 및 해외에 대한 홍보선전
- 기자회견의 준비
- 언론인초청 및 기자실관리
- 기타 홍보 및 선전에 관한 일체 업무

2) 재무분과위원회

- 운영자금조달 및 소요재원확보
- 예산집행계획 수립
- 예산집행 : 운영자금 수납, 관리 및 제 경비의 지출
- 스폰서 섭외 및 관리

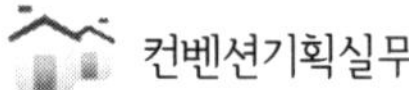

- 물품의 조달 계획 및 출납관리
- 결산보고서의 작성
- 기타 재무에 관한 일체의 업무

3) 수송분과위원회

- 숙박분과위원회
- 수송계획수립
- 국제, 국내수송 및 수송기관과의 연락, 수배
- 교통통제소 및 항공예약데스크 설치운영
- 기타 수송에 관한 제반업무

4) 숙박분과위원회

- 사용호텔의 결정 및 객실보호
- 숙박요금의 협상
- 각 호텔별 객실배정 및 조정관리
- 숙박데스크 설치운영
- 기타 숙박에 관한 제반업무

5) 행사분과위원회

- 개, 폐회식, 환영식, 만찬 등 공식행사 기획 진행
- 각종 리셉션의 실시계획 및 주최자와의 연락 조정
- 각종 리셉션의 초청장 작성 및 발송
- 리셉션장소 확보
- 리셉션데스크 설치운영
- 기타 사교행사에 관한 제반 업무

6) 관광분과위원회

- 행사 전/후 관광계획 수립

- 여행사 선정
- 관광데스크 설치운영 및 관리
- 공식관광, 선택관광 및 동반자관광 진행
- 관광선전물 및 제작물의 확보 및 배포
- 관광지 환영행사 주선
- 기타 관광에 관한 제반업무

7) 등록분과위원회

- 등록계획 및 등록비 책정
- 참가자리스트 작성
- 참가신청서 접수 및 관리
- 등록 독려
- 명찰 및 명패 제작
- 현장 등록데스크 설치 운영 및 관리
- 기타 등록에 관한 제반업무

8) 의전영접분과위원회

- 출입국 편의제공
- 환영 및 안내표지물 제작과 부착
- 주요 행사의 영접 안내
- 기타 영접에 관한 제반업무

9) 학술분과위원회

- 프로그램편성 및 강연내용 등에 관한 국제기구본부와의 협의
- 초청인사 선정에 관한 국제기구본부와의 협의 및 국내연사 선정
- 초록, 논문, 발표자료 등 가이드라인 제공 및 접수관리
- 심사위원 선정 및 심사관리
- 회의진행 전문요원(사회자, 동시통역사, 속기사 등)의 섭외와 관리
- 프로그램의 편집

- 기타 회의 및 회의장에 관한 제반업무

10) 시설분과위원회

- 통신시설의 섭외 및 설치관리
- 기타 부속설비에 관한 업무

11) 전시분과위원회

- 전시업체 모집
- 전시관 설치운영
- 전시품 통관 편의제공
- 기타전시에 관한 제반업무

12) 출판분과위원회

- 행사안내서
- 관련 인쇄물 제작, 검토, 인쇄관리

제 5 장 참가대상 및 프로그램 설계

제 1 절 참가대상 설계

1. 참가예상인원 파악

- 전년도 회의참가자 수 고려
- 각 분과 및 조직위원회 의견 경청
- 컨벤션개최국의 사회적/경제적/정치적 여건 파악
- 개최시기 검토
- 주제와 관련된 학회, 산업, 단체들의 상황 파악

2. 예약시스템 활용

1) 리플라이 카드(Reply Card)

- 컨벤션센터와 호텔은 주소가 인쇄된 회신용 카드를 컨벤션조직위원회로 송부
- 컨벤션 숙박분과위원회는 우편발송 목록에 있는 회원들에게 카드 발송
- 참가자들에게 참석여부를 통지를 위한 RSVP카드 송부

2) 객실목록

- 객실목록을 사용할 때에는 예약회신카드를 컨벤션 숙박분과위원회에 발송
- 숙박분과위원회에서는 회신카드를 받아서 객실목록을 작성
- 마감일 이전까지 호텔에 송부
- 참석이 거의 확실한 기업회의나 인센티브 여행그룹일 경우 대부분 객실목록 사용
- 객실목록을 사용하는 것이 예약부의 일을 줄여주기 때문에 컨벤션 운영담당자는 가능한 객실목록의 사용을 권장

3) 지역컨벤션 전담기구 및 무료 서비스예약

- 컨벤션그룹을 컨벤션센터와 여러 호텔에서 동시에 수용할 경우 예약은 지역컨벤션 전담기구 사무국에서 담당
- 지역컨벤션 공동사무국에서 예약을 관리할 때 호텔의 확인서가 필수적임
- 특히 많은 호텔이 함께 사용될 때 매우 중요함
- 무료예약서비스를 이용하는 경우 사무국을 경유하지 않고 비서들이 별도로 예약함으로서 기존 예약 객실이 취소되는 사례가 발생함
- 호텔에서 협회회원들에게 특별한 예약회신카드를 발송하는 것이 바람직함

제 2 절 프로그램 설계

1. 컨벤션 프로그램 기획

- 프로그램 기획이란 회의의 모든 요소를 개획하고 조정하는 것
- 모든 프로그램에 대해 컨벤션 주최측의 사무국과 충분한 협의
- 컨벤션 프로그램기획은 먼저 회의 목표를 작성한 후에 컨벤션 참가자

를 분석하고, 회 의 주제연사 및 발표형식을 선정하는 과정으로 기획

2. 컨벤션 프로그램 구성

- 컨벤션은 당양한 프로그램의 집합체
- 일반적으로 개회식과 폐회식, 각종 세부회의, 기자회견, 관광 및 사교행사, 동반자 프로그램, 전시회 등으로 구성
- 가능한 많은 참가자를 유도할 수 있도록 다양하고 효율적으로 구성
- 해당 컨벤션 주최측의 사무국과 협의하에 결정
- 과거의 프로그램을 참고로 작성
- 개최국의 특징을 살릴 수 있는 요소를 가미하여 구성
- 프로그램 작성시기는 가능한 한 조기에 확정하는 것이 바람직함

1) 개회식

- 컨벤션의 첫인상을 결정하는 행사
- 개회식에는 등록회원 대다수가 참석하므로 개회식 장소로는 등록회원을 모두 수용 하고 동시통역사, 대형비디오 스크린, 멀티 슬라이드, 조명시설 등이 완비된 장소가 바람직함
- 개회식의 절차는 주최측의 회장이나 조직위원장이 개회선언, 정부고위관료 또는 주 최기관의 단체장의 환영사, 국내외 VIP의 축사, 주용 저명인사의 기조연설, 사무국장의 컨벤션행사 안내로 진행
- 준비사항은 주요 저명인사 및 내빈초청을 위한 초청장 발송 및 참석확인, 연설문 및 축사 작성, 프로그램 및 시나리오 작성
- 개회식장의 확보, 단상 장식, 좌석배열, 배너, 동시통역, 조명 및 음향, 안내 및 면접요원, 음료, 각종 슬라이드 준비

2) 폐회식

- 폐회식은 참가자에게 작별인사를 하는 마지막 행사로 폐회선언으로 종료
- 폐회식의 절차는 사회자의 폐회선언, 조직위원장의 폐회인사, 시상식,

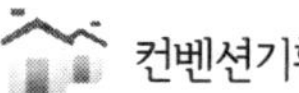

차기 컨벤션 행사의 소개 순서로 진행

3. 세부회의

1) 회의 형태

- Plenary Session/General Session : 전체 등록된 회원이 참가하는 회의
- Breakout Session : 어떤 주제와 관련해서 일부 참가자만을 대상으로 하는 소집단회의로 Workshop 또는 Round Table이라고도 함
- Concurrent Session : 같은 시간대에 서로 다른 주제를 다루는 다수의 소집단회의가 동시에 개최되는 회의
- Prerequisite Session : 소집단회의의 일종으로 일정한 조건에 의해 참가대상이 제한되어 있는 회의

2) 시간배정

- 시간배정은 일자별, 시간대별로 배정
- 통상적으로 회의일정은 오전 09:00시부터 오후 17:00시까지 개최하고, 3~4개의 세션으로 구분하여 진행
- 저녁시간은 사교행사 등으로 할당
- 각 세션의 시간은 50분으로 하고, 2시간 정도에 한 번씩 커피브레이크 등 휴식 시간 배정

3) 세부회의 진행방법

- 진행방법은 회의 내용과 성격에 따라 적정한 회의형태 결정
- 적극적인 회의진행을 위해 첨단기자재와 이벤트를 계획하여 참가자의 흥미와 참여를 유도

4. 사교행사

- 연회프로그램이라고 하며 환영리셉션, 만찬, 환송연 및 기타 사교행사

에 부수되는 행사

- 컨벤션 주최 측이 사전에 결정한 사교행사와 임의적으로 개최하는 행사로 구분
- 사교행사는 회의참가자들에게 사교의 장을 제공하여 회원 간의 상호유대와 분위기 완화 역할

▌표 5-1 ▌사교행사형태

사교형태	행사내용
• 환영리셉션 (Welcome Reception)	• 컨벤션행사 개최전날이나 개최당일 저녁에 개최 • 초청장은 사전에 발송 • 개최국의 특색을 강조하는 장식 및 무대디자인 • 일종의 파티로서 진행 중에 여러 가지 공연 준비 • 리셉션시간은 1시간 30분에서 2시간 정도가 적당
• 만찬 (Dinner Party)	• 만찬의 명칭은 상징성 있는 이름(한국의 밤)으로 하며 회의기간 중에 개최 • 대규모 만찬 시 Head Table은 미리 정해져 있으며, 기타 테이블은 자유롭게 진행 • 대부분 예의를 갖춘 행사로서 입장 시에는 정한 시간에 순서에 의해서 진행 • 패션쇼, 민속행사 등 공연이 수반되며, 2시간 이상 진행
• 환송연	• 주최자나 참가자가 회의를 마치고 자유로운 분위기에서 진행 • 주최자의 인사와 참가자 대표의 답례로 진행 • 차기 행사에서의 재회를 기약하는 프리젠테이션 진행

5. 관광프로그램

- 참가대표단을 위한 행사와 대표단의 동반자를 위한 행사로 구분
- 대표단을 위한 행사는 컨벤션 개최 전이나 개최 후에 진행
- 비용부담은 참가자 개인부담이 일반적이나 회의 중에 실시하는 특별한 관광 프로그램은 주최 측에서 부담
- 관광행사 절차는 관광프로그램의 사전 홍보와 참가신청 접수, 그리고

관광코스운영으로 진행

- 경험과 신뢰가 있는 여행업체를 선정하여 일괄 위임하는 것이 바람직함
- 등록장소에 관광데스크를 운영하여 운영

6. 산업시찰

- 산업시찰은 보통 회의내용을 보완하기 위하여 개최국의 산업현장을 방문하거나 첨단시설을 방문하여 홍보 등을 목적
- 통상적으로 공식적인 행사가 종료된 후에 희망자를 대상으로 실시

7. 전시회

- 비영리를 목적으로 한 전시회와 관련기업의 영리목적 전시회로 구분
- 개최장소는 회의장과 인접한 곳에 개최
- 참가자의 관심을 유발하고 참여를 독려하는 내용으로 구성

8. 동반자 프로그램(Spouse Program)

- 컨벤션참여를 촉진하고 개최국의 경제적 수입효과을 유발하기 위한 행사
- 과거에는 주로 동반자프로그램이 여성을 위한 것인 반면, 최근에는 여성의 지위 향상과 여성회의가 증가하면서 남성과 가족을 위한 프로그램 추가
- 여성접대실운영
- 패션쇼 관람프로그램
- 쇼핑프로그램
- 관광과 시내여행
- 미용설명회
- 초대손님 강연회
- 와인 시식 및 기타행사

제 6 장 예산수립

제 1 절 사전 점검내용

- 회의개최 확정 후 유치단계에서 작성한 수지계획서 세부적 검토 후 예산안 작성
- 이전 회의 기록참고 혹은 각 위원회가 제출한 경비내역 집계
- 예산에 영향을 주는 참가자 수, 프로그램 내용, 회의장소, 회의 준비기간 등 사전파악
- 총수입과 총비용을 추정하여 손익분기점 파악
- 고정 및 변동비용의 명확한 구분
- 참가자 등록비는 손익분기점을 초과하는 금액으로 산정

제 2 절 수입예산

- 컨벤션을 개최하는데 소요되는 경비를 충당하기 위해 수입예산 편성
- 수입예산은 회의성격, 규모에 따라 다양함
- 자금관리를 위해 회계규정을 정하고 규정에 의한 자금 출납 실행

- 준비단계의 지출항목을 위하여 조기등록자에게 등록비 할인혜택 등 고려

▌표 6-1 ▌수입예산 항목표

항목	수입내역
참가자 등록비	(총경비-총수입)/참가자 수
자기자본	자기자본
타인자본	차입금
후원금	보조 또는 후원금
광고수입	프로그램, circular, 보고서 등 출판물 게재 광고비
판매 및 전시수입	기념품, 도서류, 회의비디오, 테이프, 전문자료, 부스 판매수입
기타	은행이자 등 잡수익

제 3 절 지출예산

- 컨벤션 지출예산은 고정비용과 변동비용으로 구분
- 고정비용은 컨벤션의 참가자수와 관계없이 지출
- 변동비용은 컨벤션 참가자 수에 영향을 받는 비용

▌표 6-2 ▌지출예산 항목표

고정비용(Fixed cost)	변동비용(Variable cost)
1. 회의개최경비 - 회의장 임차료 및 장식비 - 시청각교재 및 기자재 임차료 - 초청인사 사례비 - 동시통역비/서류번역비/사진촬영비 2. 전시회 경비 - 전시장 임차료 - 전시장 부스설치비 - 전시장 안전관리	1. 회의개최경비 - 커피브레이크 경비 - 현지 교통비 - 동시통역 기자재 임차료 - 초록 제작비 - 회의결과보고서 제작 및 배포비 - 등록가방, 배지, 홀더 비용 2. 관광 및 수송비

3. 사교행사 경비 - 초청인사 연회비 4. 홍보활동 및 인쇄비 - 회의개최섭외비 - 예상 프로그램 및 등록서 제작비 - 홍보물 및 기념품 제작비 5. 환경관리비 - 조직위 활동비 - 예비비	3. 각종 공연 및 사교행사비 4. 식음료비용 5. 전시회경비 - 전시안내요원 인건비 - 전시회 관련 장비 및 비품 임차료

제 4 절 결산

- 컨벤션행사가 종료되면 6개월 이내에 결산서를 제출
- 결산보고서에는 공인회계사의 감사보고서를 첨부

제 7 장 개최장소 및 회의장관리

제 1 절 개최장소

1. 개최도시 선정

- 대규모 국제회의의 경우 회의개최를 위해 갖추어야 할 회의실 수, 규모, 객실 수 등은 국제기구협회 본부에서 제시
- 일반적인 개최도시 선정 시 교통수단의 편리성, 비용, 도시의 명성도, 기후, 컨벤션센터 및 숙박시설 유무, 인적 자원, 전시장의 사용가능성 등 고려
- 한국의 경우 문화체육관광부는 2005년 서울특별시를 비롯한 4개 도시, 2007년도 광주광역시, 2009년도 대전시와 창원시 등 7개 도시를 국제회의도시로 지정

▌표 7-1 ▌개최도시 선정 시 고려사항

순서	고려사항
1	관광자원과 문화자원
2	도시의 치안상태
3	외국인 및 국내 참가자가 쉽게 접근할 수 있는 항공망과 교통망
4	외국어구사와 사무능력이 있는 우수한 인적자원의 고용여부
5	외국인을 환영하고 수용하는 시민분위기 조성 여부
6	물가수준이 일반적으로 참가자들의 부담 수준
7	식당, 쇼핑시설 등
8	양질의 회의장, 호텔, 연회장, 음식점을 보유하고 있어서 참가인원의 수용 여부
9	시기적으로 회의개최기간이 공휴일, 주요 행사기간과의 중복여부 또 회의기간 중의 기후

자료: 문상희 · 신재기(2004), 「컨벤션기획실무」, 백산출판사, 119쪽 저자 재정리.

▌표 7-2 ▌국제회의도시 지정현황

연도	지정도시	지정일	지정도시수
2005	서울특별시, 부산광역시, 대구광역시, 제주특별자치도	205.1.12	4개
2007	광주광역시	2007.9.5	1개
2009	대전광역시, 경남창원시	2009.3.12	2개
계			7개

자료: 문화체육관광부

2. 회의장소 선정

- 컨벤션 개최장소는 유치단계에서 후보지로 선정되었던 장소들 중에서 컨벤션의 성격, 예산 등 각종 조건에 가장 적합한 장소 선정
- 과거 컨벤션 프로그램과 참가규모를 토대로 한 컨벤션의 수용규모 파악
- 컨벤션센터 및 숙박시설의 위치 검토

• 컨벤션 센터의 임차료 및 숙박시설의 신용도 고려

‖ 표 7-3 ‖ 회의장소 선정 시 점검사항

순서	구분	내용
1	회의실 수와 규모	• 회의실의 크기는 참가자가 너무 협소하지도 크지도 않다고 느낄 정도 • 국제회의의 경우 국제기구본부가 "입후보요청서" 등에서 자세히 지정 • 충분한 로비공간의 확보 • 회의실 수와 규모를 예측해서 회의실이 누락되는 일이 없도록 사전에 철저히 조사
2	회의실의 배치와 기능	• 각 회의실은 사용하기 쉬운 상태로 배치 • 회의실의 안락성과 연단이나 무대상태, 기자재가 충분히 설치되어 회의실이 기능을 다할 수 있는지 섬섬
3	전시장유무	• 전시회가 병행 개최되는 회의라면 회의장과 호텔의 인접 지 또는 동일 장소 내에 전시장이 있는지 파악
4	회의실 임차료	• 전체 회의운영비 가운데 많은 부분을 차지하기 때문에 참가자와 주최단체의 재정상태를 충분히 고려 • 공공시설이나 비수기의 회의개최방법 고려
5	위치 및 접근성	• 회의장 위치는 참가자의 성향, 회의 성격을 고려해서 결정하지만 국제회의 경우 공항, 숙박시설, 기타 행사장과의 거리를 고려해서 선정
6	서비스와 종사원수준	• 모든 회의검토가 끝난 후 회의시설업체 종사원 서비스의 수준과 음식의 수준이 선택의 기준 • 직접 시설을 답사하여 진행 중인 회의를 관찰한다든지 같은 시설을 이용한 적이 있는 단체에 문의
7	사용규정	• 특별행사 또는 중량의 전시물을 장치할 경우에 대한 상황을 대비해서 회의장 사용규정을 확인

제 2 절 회의장관리

1. 회의장설치

- 사용될 각 회의실에 대해서 좌석, 무대, 기자재 배치사항을 나타내는 도면을 작성해서 사용계획서와 함께 회의시설업체 담당자에게 전달하여 회의장설치에 관한 지시서 역할
- 사용계획서를 작성할 때는 현지답사를 통해 현장을 보고 결정
- 회의실 선정시 회의진행을 원만하게 진행할 수 있도록 연관성 있게 배치

1) 헤드테이블과 연단

- 헤드테이블과 연단은 참가자의 시야가 가리지 않게 참석자의 좌석보다 높게 배치
- 참가자 좌석 첫 열과의 거리는 약 1.8미터를 유지
- 헤드테이블은 연사, 패널리스트, 사회자 등 참석자 수를 고려하여 적당한 크기로 준비
- 좌석배정은 의전상의 관례에 따름

▌표 7-4 ▌헤드테이블 좌석배정

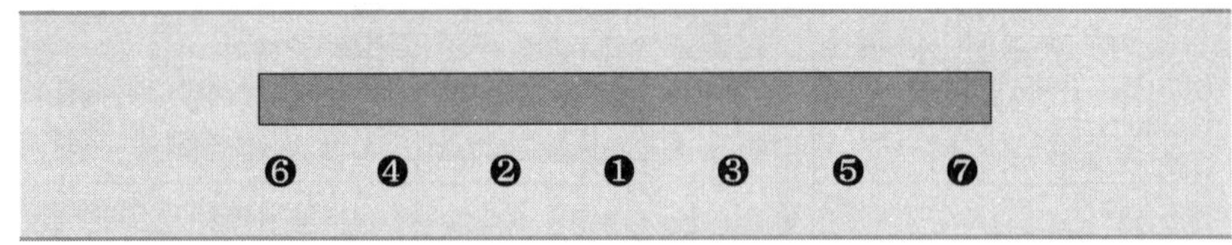

2) 좌석배치

▌표 7-5 ▌테이블 배치별 장단점비교

구분	테이블 형태	장점	단점
원탁 또는 반원 (Round Table)	테이블간의 거리 최대화 테이블넓이 150cm(8-10인용)~180cm(10-12인용)	- 공간이 풍부 - 같은 테이블의 참석자간 의사소통 원활 - 식음료세팅이 편리	- 전체회의장의 의사소통분위기가 좋지 않음
정/직사각형 (Hallow Square)	가운데가 뚫린 형태로 의자는 바깥쪽에만 배치	-다양한 배열이 가능 -작업공간이 좋음	-크기는 작업하기에 충분하지 못함
강의식 (School room)	책상과 의자를 배치하는 경우로 강연이 있는 경우 설치 탁자넓이는 46cm, 길이는 180cm-245cm	-발표자가 모든 참가자를 볼 수 있음 -적은 공간에 많은 사람을 수용	-최소의 의사소통만 가능 -참가자들은 서로 등만 보게 됨
T자 형 (T-shape)	T자형으로 배치	-소규모 회의에 적합 -의사소통이 매우 좋음	-큰 규모에는 불가능 -규모가 커질수록 시야가 확보되기 어려움
극장식 (Theatre style)	의자만 배치하는 형태 연단과 첫줄 의자사이의 간격은 180cm이상 반원형, V자형, 갈매기형	-메모가 필요 없는 대규모행사에 적합	-큰 규모의 경우 열마다 높이 조절이 필요 -의사소통 제한

2. 회의자료의 준비

1) 행사프로그램

- 프로그램은 참가자의 매일매일 행동의 지침
- 보기 쉽게 고안하고 휴대에 간편하며, 쉽게 훼손되지 않도록 견고하게 제작
- 경비 후원을 위해 광고물 게재 가능
- 보통 등록데스크에서 전달
- 프로그램 포함사항
  - 표지 : 회의명칭, 장소, 기간, 주최자 명, 후원기관명
  - 내용 : 임원명, 회의일정(시간 및 장소), 관련행사 일정, 연사 및 발표제목, 회의장 소개(도면 삽입), 숙박호텔 소개, 메모란 등

2) 참가자 명부

- 참석자명단은 회의참가자의 관심사이므로 정확하게 기재
- 일단 제작된 참가자 명부는 등록 때 전달하고 등록자 확정 후 변경된 내용 부록 형태로 추가전달
- 명단은 국적별, 알파벳순으로 정리
- 성명뿐만 아니라 국적, 직업, 주소, 투숙호텔명, 연락처 등을 기재

3) 발표문초록

- 국제기구에 의해 강연자가 확정되면 제출한 발표문의 요약하여 초록집을 작성
- 발표문의 요약은 회의공용어로 번역하는 것이 이상적
- 발표문의 게재순서는 프로그램 진행순서에 따라 정리

4) 관련행사 프로그램

- 동반자프로그램, 관광프로그램, 사교행사의 일정, 내용 및 신청방법을 기재

5) 회의장 도면

- 회의장 도면은 시설업체 홍보팀으로부터 제공받음
- 회의실이 여러 층에 분산되어 있는 경우 다른 색으로 표시하고 회의장 건물이 다를 경우 경로를 상세히 기재

6) 전시안내서

- 전시회가 개최될 경우 전시 참가업체의 소개와 출전물의 설명, 전시장 도면을 기재

7) 관련전화번호표

- 회의와 관련된 전화번호, 주소, 외국어를 할 수 있는 담당자 등을 일견할 수 있는 표

3. 회의운영조직과 운영요원

1) 회의운영조직

- 회의장 운영 책임자는 충분한 경험이 있는 사람 임명
- 회의가 임박하면 조직위 사무국을 회의운영을 위한 체제로 전환
- 접대, 회의장설치, 등록, 관광, 안내, 교통유도 등 규모와 성격에 따라 상당한 업무 발생

2) 회의운영요원의 확보

- 회의장 운영업무를 처리하기 위해 사무국인원으로 부족하기 때문에 임시요원의 고용 필요
- 운영요원의 수배는 PCO와 인재파견회사에 의뢰
- 운영요원의 원활한 업무수행을 위해 운영메뉴얼의 제작 및 활용
- 운영 메뉴얼의 수록항목
  - 회의의 개요

- 프로그램
- 회의실 사용계획
- 회의장 도면
- 일자별 스케줄
- 인원배치계획
- 세부업무내용
- 회의실 설치도
- 주요 연락처리스트

- 긴급사항 대응 매뉴얼작성 활용
- 진행 시나리오 작성 활용

제 8 장 등록 및 숙박관리

제 1 절 등록관리

1. 등록개요

- 컨벤션등록과정에서 사전등록자나 현장등록자에게는 초청장 및 쿠폰을 포함한 개인 Congress Kit, Name Tag를 지급
- 컨벤션등록은 통제기능뿐만 아니라 컨벤션의 첫인상을 결정하는 서비스기능도 수행
- 컨벤션등록 데스크는 일명 컨벤션행사의 사령부로서 참가자 수, 참가자 입출국현황 등 컨벤션에 대한 정보를 제공하는 기능 수행
- 컨벤션 운영담당자는 등록장소의 혼잡도, 동선, 통행량 등 등록데스크 설치에 주의

2. 등록비/등록기간

- 등록비는 컨벤션 참가자에게 제공되는 각종 회의프로그램, 사교행사 등 공식프로그램 에 대한 비용으로 선택사항에 대한 비용은 불포함
- 등록비는 참가자의 회원, 비회원, 동반자 등 참가자의 자격과 등록시기에 따라 차등을 두는 것이 일반적

- 조기 등록자는 10~20%정도 할인, 동반자는 회원의 1/2~1/3, 비회원은 1.5배~2배, 초청인사는 무료
- 등록비와 등록기간의 설정은 컨벤션 주최측의 본부에서 결정
- 등록비산정 방법은 Bottom-up방식, Broad Band, Sara Torrence로 구분
- Bottom-up방식은 등록비를 사전에 미리 정해서 이를 기초로 산정하는 방식
- Broad Band 방식은 등록비의 상한선과 하한선을 정하고 이를 기초로 한 수입금을 고려하여 산정하는 방식
- Sara Torrence방식은 고정비용과 변동비용의 합을 예상참석자 수로 나누어 결정하는 방식
- 이러한 방식으로 산정한 등록비는 앞서 개최된 컨벤션 등록비를 기준으로 물가상승 등을 감안하여 타 회의의 등록비 및 참가자의 직업에 따라 하한선과 상한선을 책정

3. 등록신청서 관리

- 등록신청서는 컨벤션참가자의 소속, 직위, 성명 등 인적사항과 참가희망 행사종류, 숙박정보, 등록비납부 등의 정보를 기록하여 제작
- 색상을 구분하여 3장으로 제작하여 주최 측 본부보관용, 조직위 사무국참조용, 참가자의 등록할인용으로 사용
- 발송은 과거에 우편이나 Fax로 하던 것을 현재는 E-mail로 발송함
- 발송된 등록신청서와 등록비가 접수되면 입금확인을 거쳐 확인서 발송
- 등록현황은 기재사항을 데이터베이스로 구축하고 이를 토대로 등록가방 제작

▌표 8-1 ▌등록가방 내용물

• 명찰 • 개최도시시장 및 주최기관장의 환영서신 • 개최도시 및 관광지 소개책과 지도 • 회의스케쥴, 프로그램, 셔틀버스 운행표, 식당리스트 • 참가자명부, 필기도구, 메모지 • 각종 행사초청장, 기념품 • 회의 내용 및 진행과 관련된 각종 설문지 등

4. 등록절차

1) 사전등록

- 사전등록은 컨벤션 주최 측의 행사규모를 예측하고 조기등록을 유도함으로써 자금을 미리 확보하여 예산편성을 쉽게 하기 위해 미리 등록하는 것
- 사전등록절차는 사전등록서를 우편이나, 팩스 그리고 인터넷으로 발송한 후 접수
- 등록신청오류와 등록금 입금 확인을 거쳐 등록확인서 및 영수증 발송
- 주최측에서는 혼잡을 피하고 효율적인 업무처리를 위해 사전등록데스크를 별도로 설치
- 사전등록데스크에는 사전등록리스트, 명찰, 컨퍼런스 키트, 문구류 등을 구비

2) 현장등록

- 현장에 도착하여 등록을 하는 것
- 등록데스크는 컨벤션행사장의 로비에 개최 전날에 설치
- 등록장소에는 참가자의 신속한 등록과 혼잡을 피하기 위해 사전등록대, 현장등록대, 일일등록대, 멤버쉽데스크, 인포메이션데스크, 관광데스크를 별도 설치운영

- 등록데스크 인력운영은 등록업무를 잘 알고 있으며 외국어 구사수준을 고려해서 주최 측 요원과 임시고용인을 한조로 배치하고 사전에 충분한 교육실시

제 2 절 숙박관리

1. 숙박장소 선정

- 숙박장소의 선정은 컨벤션행사의 성공적 개최를 위한 관건
- 숙박장소 선정 시 행사장과의 접근성, 충분한 객실확보, 다양한 등급의 숙박장소 확보, 원만한 수송체계수립, 숙박신청자의 요구사항에 대한 신속하고 적절한 조치, 숙박담당자와의 긴밀한 협조체제 구축
- 숙박호텔은 동일한 장소나 도보로 이동하는 거리 혹은 셔틀버스로 이동할 경우 10~12분 거리에 있는 것이 바람직함
- 숙박시설의 주차장, 렌탈서비스 유무, 통신시설 및 언어소통능력, 종업원서비스 등의 부대시설 및 조건을 고려
- 보안 및 안전도 문제, 즉 화재경보시설, 비상시 대처시설, 안전금고운영, 의료시설 등을 고려

2. 숙박신청서 제작 및 발송

- 객실을 블록화하게 되면 참가자들로 하여금 해당 호텔에 예약을 하도록 하거나 숙박업무의 효율성을 기하기 위해 회의참가신청서 양식과 더불어 호텔예약신청서를 발송
- 호텔예약신청서에는 참가자의 예산과 취향을 고려하여 다양한 정보를 포함

▌표 8-2 ▌호텔예약신청서 내용

- 성명 : 반드시 완전한 철자로 기록
- 그룹명 : 회의단체명 기록
- 주소와 전화번호 : 긴급 상황 시 연락할 전화번호도 기록
- 도착일자와 출발일자 : 일자와 함께 대략적인 호텔도착시간과 출발시간도 기록
- 항공기번호 : 항공기번호를 기록함으로써 호텔 측은 항공기 도착이나 출발의 지연여부를 파악할 수 있음
- 객실유형과 요금 : 다양한 객실유형과 요금을 제시하여 기록
- 예약상황 : 객실요금이 미리 지불된 것인지 등을 기록
- 기타 : 호텔 측에 요구할 내용들을 기록(VIP, 장애여부, 객실전망, Extra Bed 필요여부 등)

3. 객실배정과 지급방법

- 객실배정 시에는 분쟁당사국이나 적대국가 여부 등 고려 신중하게 배정
- 컨벤션조직위원회는 예약상황통보만을 받고 예약환불, 객실변경, 최소사항 등은 호텔과 직접 해결 유도
- 호텔객실요금 지급방법은 본인이 호텔에 직접 지급하는 방법과 등록비에 포함하는 방법
- 등록비에 포함시키는 경우 참가자에게 부담이 되기 때문에 참가자가 직접 지급하는 방법이 바람직하며, 해당객실의 하루정도 예치금을 납부토록 함

제 1 절 식음료계획

1. 식음료개요

- 최근 컨벤션에서는 식음료행사가 행사의 성패와 직결
- 식음료행사는 동료들과의 사교, 새로운 사람과의 만남, 조직구성, 정해진 일정으로 부터 새로운 활력의 제공하는 환경 조성
- 컨벤션기획가는 사용예산, 개최장소, 개최시간, 연회장배치, 서비스형태 및 서비스 질에 따라 검토하여 식음료계획 수립
- 행사 몇 년 전에 식음료가격을 결정하기는 인플레이션 등을 고려할 때 매우 어려우므로 메뉴, 가격, 조건에 대한 합의를 서면으로 작성

2. 식음료행사의 종류

- 식음료행사의 종류는 간단한 커피브레이크로부터 정찬, 만찬, 리셉션에 이르기까지 다양함

1) 커피브레이크(Coffee Break)

- 대부분 회의시간은 한 세션당 2시간을 넘지 않으며 세션사이에 휴식과 담화를 위한 커피브레이크 개최

- 참가자가 많을 때에는 회의실 근처의 룸이나 로비에서 제공하지만, 참가자가 적을 경우에는 회의장 뒷부분에 테이블을 준비하여 제공
- 커피브레이크는 오전에 회의 중간에 한번 제공하고 오후시간 중간에 제공하며 시간 은 30분 이내로 제공
- 비용은 주최 측의 예산으로 준비
- 메뉴는 오전에는 커피, 차와 함께 쿠키를 제공하며, 오후에는 커피, 차와 청량음료를 제공

2) 정찬(Full-course Meals)

- 회의기간 중 정찬행사는 컨벤션 주최 측이나 스폰서 측에서 제공
- 시간상의 제약으로 회의가 개최되는 컨벤션센터나 호텔의 연회장에서 개최
- 정찬의 시간은 조찬의 경우 07:00~09:00, 오찬은 11:30~13:00, 만찬은 18:00~20 사이에 개최
- 메뉴의 선정은 예산 등을 고려하여 호텔의 식음료담당자와 협의 하에 결정
- 메뉴 선정시 양식위주보다는 개최국의 특성을 살리고 참가자의 배경과 특성을 파악 하여 한식, 중식, 일식, 혹은 종교적 음식을 제공
- 음식제공방식은 Buffet Service와 Table Service 두 종류로 제공
- 음식의 비용은 1인당 비용을 원칙으로 하며, 컨벤션 조직위원회는 1~2일 전에 참가자 수를 호텔에 통보

3) 리셉션(Reception)

- 리셉션행사는 일종의 사교행사로서 음료를 제공하는 칵테일파티에서 뷔페식 음식과 음료를 제공하는 행사에 이르기까지 다양함
- 컨벤션기획자는 최대한 격식을 갖추면서 참가자간의 자연스러운 사교장이 될 수 있도록 분위기를 조성
- 리셉션의 장소는 회의장이 위치한 컨벤션센터나 호텔에서 개최되지만, 새로운 장소로 야외공원, 박물관, 미술관 등을 이용한 경우도 있음

- 개최시간은 19:00~22:00까지 개최되는 것이 일반적임
- 환영리셉션의 경우는 개막전날 또는 개작일 당일에 개최되며, 환송리셉션은 마지막 날 또는 폐막전날에 개최
- 리셉션개최 시 유의사항은 참가자인원을 정확히 추정하여 적정한 음식의 양을 제공 하는 것이 중요
- 리셉션행사 개최 2일전까지 최종인원을 통보
- 실제 참가자 수와 관계없이 최종인원에 대하여 비용을 지불하기 때문에 예상참가자 수보다 20%정도 뺀 인원을 개런티로 합의
- 참가자가 예상보다 적은 경우가 대부분임

제 1 절 영접 및 영송

1. 공항영접

1) 일반 참가자의 경우

- 공항입국장 안내데스크를 사용을 신청하는 협조공문을 공항공단 여객 서비스팀에 발송
- 사용승인 후 비용지불, 입국장 내 부착이 가능한 표지판의 규격 등 필요정보 문의
- 일반적으로 공항영접에 필요한 시설물은 1층 입국장내의 유도표지판, 전화, 무전 기 등이고 영접요원은 행사참가자나 영접대상자 명단, 리무진과 셔틀의 운행시간 표, 현장사무국, 공항관계자, 호텔의 연락처가 명시된 비상연락망 구비
- 사전정보가 파악된 경우에는 영접대상자 명단에는 항공편 및 일정, 투숙호텔명 표기하고 참고로 항공사로부터 특정인의 탑승 유무에 대한 정보는 확인 불가능함

2) VIP의 경우

- 국외 장관급이상 또는 외교통상부장관의 승인을 받은 인사의 경우 공

항내의 의전 실 사용이 가능
- 공항공단 의전팀에 VIP의전협조요청 공문을 발송하여 의전 주차장 사용, 행사요원 의 대리입국수속, CIQ 임시출입증 발급 등을 요청
- 대규모의 정부행사의 경우 빠른 입국심사를 위해 전용심사대를 요청

2. 공항 영송

1) 일반 참가자의 경우

- 일반 참가자의 경우 일반적으로 별도의 영송서비스를 제공하지 않고 리무진서비스 에 대한 안내를 전달

2) VIP 참가자의 경우

- 출국일정에 따라 개별 차량 준비
- 참가자에게 영송서비스 이용권고 안내 후 항공일정 변경 유무 확인

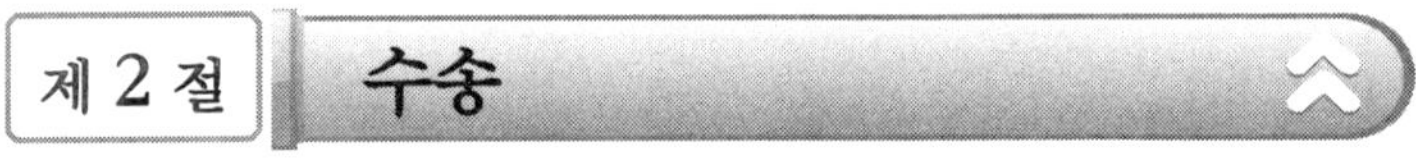

1. 개최지로의 수송

1) 항공편

- 주최측은 행사의 공식항공사를 지정 운영할 수 있음
- 공식항공사 이용시 항공권 및 화물할인 혜택 등 부여
- 항공사와 항공권 가격과 항공편이 협의되면 계약 체결
- 가격협의 시에는 할인가격과 추가제공사항이 항공사마다 다르므로 항공사 간 비교 필요

2) 지상운송수단

- 지상이동이 가능한 원거리 행선지인 경우 셔틀, 리무진, 렌트카 등 가능한 모든 대안 조사 후 운행횟수, 편리성, 이동시간 등을 고려
- 참가자는 사전등록신청서에 도착지와 도착시간을 제출

2. 개최지도착 이후의 수송

1) 행사장과 숙박시설 간의 수송

- 대부분 호텔이 행사장간의 셔틀버스 제공
- 행사일정에 맞춰 운영시간 조정 협의
- 셔틀버스 운행일정표 참가자에게 제공 및 변동사항 게시

2) 외부행사

- 행사장외에서 프로그램이 진행되는 경우 충분한 숫자의 차량준비, 운송코스, 이동 시간에 주의
- 교통체증 시간과 구간은 피해서 운영하며, 정부행사시에는 경찰의 협조 요청해 신호등 조정과 차량호위 서비스 제공 의뢰

3) 수송관련 체크리스트

- 호텔과 행사장간의 셔틀운행코스 파악
- 여러 셔틀버스 서비스업체에 제안 의뢰
- 기사수고비를 포함한 버스비용, 기본시간외 시간당 추가비용, 사인물, 배차용워키 토크, 배차원 비용, 인건비, 비용 산출방식 등 확인사항 업체에 요청
- 버스종류, 탑승가능인원, 화물칸 여부, 장애인 시설여부, 버스상태에 대한 정보 요청
- 버스고장 시 대처방법 파악
- 업체의 보험가입 여부 파악

- 계약금의 필요여부 확인

제 3 절 의전

1. 의전의 개념

- 의전은 국가 및 외교행사, 국가원수 및 고위급인사의 방문과 영접에서 행해지는 국제적 예의로 넓은 의미로 건전한 상식에 입각한 예의범절
- 국가이미지 제고 및 각 컨벤션의 재유치 기반을 조성하기 위해 컨벤션의 참가자들 이 공항도착에서부터 귀국까지 품질 높은 의전 서비스 제공이 필요

2. 참가자의 서열

1) 서열의 원칙

- 서열이란 컨벤션에 참석한 사람들의 순위로 공식서열과 비공식서열로 구분
- 공식서열이란 신분별 지위나 관직에 따라 공식적으로 인정되는 서열
- 비공식서열이란 일반사회생활에서 사회적 예의로 정해진 서열

2) 우리나라의 서열관행

- 명문상 규정은 따로 없지만 외교통상부를 비롯한 의전당국에서 필요에 따라 공직자의 서열관행을 대체로 확립
- 공직자서열을 결정할 때에는 현직 외에도 전직, 연령, 행사와의 관련성, 관련인사와 의 상호관계 등을 검토하여 결정

▌표 10-1▌우리나라 서열관행

서열순위	직위	서열순위	직위
1	대통령	9	외국특명전권대사 국무위원, 국회상임위원장, 대법관
2	국회의장		
3	대법원장		
4	국무총리	10	3부장관급(국회의원, 검찰총장, 합참의장,3군참모총장),차관
5	국회부의장		
6	감사원장		
7	부총리		
8	외교통상부장관		

3) 관례상의 서열

- 여자는 남자보다, 연장자는 연소자보다, 외국인은 내국인보다 상위
- 여성들 간의 서열은 기혼부인, 미망인, 이혼부인, 미혼자의 순위로 하며, 기혼부인 간에는 남편의 지위에 따름
- 남편이 국가를 대표할 때는 Lady first가 적용되지 않음
- 참가자가 2개 이상의 사회적 지위를 가지고 있을 때는 원칙적으로 상위직을 기준

3. 의전관리

1) 의전관리의 방향과 기본계획

- 컨벤션에 참가하는 지도급인사는 국제사회에서 각 분야 및 컨벤션 개최결정에 상당한 영향력을 미치는 사람이기 때문에 참가자의 의전 방법 및 기본계획을 수립
- 의전관계의 기본계획 절차
- 의전계획 : 국내외 참가자세부의 전 계획수립과 VIP초청자 일정관리 및 영접활동 계획 수립, 의전수행 인력관리 및 통제 실시
- 일정관리 : 국내외 VIP참가자의 각 행사참석여부, 동반자 여부 파악과 영접장소 확인점검, 각 행사 주관자와 초청부서와 협조하에 효율적인

일정관리

- 동선관리 : 국내외 VIP참가자가 컨벤션행사 참석시 별도의 동선 제공, VIP룸 상황 업무 및 차량이동 수배업무 실시
- 체계적인 협의체계 구축 : 조직위 의전영접분과위원회와 각 지원조직과 협의, 교통 및 경호대책업무 체계확립

2) 의전 준비사항

- 먼저 행사별 VIP 예우자 선정 및 본인에게 통보
- VIP룸 운영 및 행사 30분전 행사요원 대기
- 좌석배치 및 연설문준비, 통역안내요원 배정 및 VIP인식표 및 기타 행사차량 준비

제 11 장 사후관리

제 1 절 컨벤션 사후관리 세부사항

1. 사후관리 세부내용

- 결산보고
  컨벤션 행사 종료 후 진행과정에서 수입 및 지출내역을 집계하여 결산, 결산을 통해 컨벤션센터의 임대료, 시청각장비 및 비품대여료, 용역업체와의 정산, 결산서 작성 후 조직위원회에 보고
- 결과보고서 작성
  컨벤션 행사에 관한 내용을 신뢰할 수 있도록 객관적으로 공정하게 작성

표 11-1 결과보고서 기재내용

• 행사개요(일시, 장소, 주최기관, 참가대상 등) • 본부임원의 감사문 • 개최배경/목적/기대효과 • 국제본부와 조직위원회 구성과 임원 명단 • 각 분과위원회의 회의 준비내용과 발표논문 내용 • 전체 프로그램 • 재무관계 전반적 내용 • 기록사진 소개 • 기부금 출연자 명단 및 참가자 명단 • 기타 특기사항 등

- 사례표시
  컨벤션 개최 및 운영 상 협력 지방자치단체, 협력업체, 기부금 제공자 등에게 사례 표시
- 최종평가 실시
  컨벤션 종료 후 최종평가를 통해 시정과 개선, 참석자 대상 설문조사와 관계자의 간담회 방법
- 조직위원회 및 사무국 해산
  준비 및 운영활동을 해온 조직위와 사무국이 종료일로부터 3개월 내지 6개월 이내에 해산

제 2 절 컨벤션 운영담당자 사후관리

1. 컨벤션 사후회의

- 컨벤션 운영담당자와 컨벤션센터 및 호텔의 마케팅 담당자, 관련부서의 책임자 등 내부관계자들의 회의를 통해 피드백노력
- 컨벤션기획가, 행사운영요원, 주최측 사무국 요원, 실내장식 및 장치업체 관계자 회의로서 세부사항 점검
- 기획과 실제 운영 비교

2. 참가자 및 내부직원의 반응

- 컨벤션 참가자와 호텔직원들을 대상으로 한 설문을 통해 제반 서비스에 대한 문제 점 발굴 및 시사점 발굴

3. 경영성과 검토

- 컨벤션 경영에 대한 성과보고서를 작성하여 컨벤션 후의 평가와 분석을 위한 도구 로 사용
- 이러한 컨벤션 경영성과보고서를 통해 컨벤션센터 및 호텔에서는 업무활동을 영구히 기록하고 차기 컨벤션행사에 대한 요구사항을 파악하는 계기 마련
- 컨벤션센터나 호텔에서는 컨벤션행사 종료 후 주최 측에게 성과보고서를 제출토록 함
- 이 성과보고서에는 참가인원, 비용 등 컨벤션 주최측에서 결과보고서를 작성할 때 도움을 주도록 함

부 록

1. 국제회의육성에 관한 법률
2. 컨벤션 기획사 2급 시험 기출문제

부록 1.

국제회의산업 육성에 관한 법률

[시행 2010. 7. 1] [법률 제9770호, 2009. 6. 9, 타법개정]

제1조 (목적) 이 법은 국제회의의 유치를 촉진하고 그 원활한 개최를 지원하여 국제회의산업을 육성·진흥함으로써 관광산업의 발전과 국민경제의 향상 등에 이바지함을 목적으로 한다.
[전문개정 2007.12.21]

제2조 (정의) 이 법에서 사용하는 용어의 뜻은 다음과 같다.

1. "국제회의"란 상당수의 외국인이 참가하는 회의(세미나·토론회·전시회 등을 포함한다)로서 대통령령으로 정하는 종류와 규모에 해당하는 것을 말한다.
2. "국제회의산업"이란 국제회의의 유치와 개최에 필요한 국제회의시설, 서비스 등과 관련된 산업을 말한다.
3. "국제회의시설"이란 국제회의의 개최에 필요한 회의시설, 전시시설 및 이와 관련된 부대시설 등으로서 대통령령으로 정하는 종류와 규모에 해당하는 것을 말한다.
4. "국제회의도시"란 국제회의산업의 육성·진흥을 위하여 제14조에 따라 지정된 특별시·광역시 또는 시를 말한다.
5. "국제회의 전담조직"이란 국제회의산업의 진흥을 위하여 각종 사업을 수행하는 조직을 말한다.
6. "국제회의산업 육성기반"이란 국제회의시설, 국제회의 전문인력, 전자국제회의체제, 국제회의 정보 등 국제회의의 유치·개최를 지원하고 촉진하는 시설, 인력, 체제, 정보 등을 말한다.

[전문개정 2007.12.21]

제3조 (국가의 책무) ① 국가는 국제회의산업의 육성·진흥을 위하여 필요한 계획의 수립 등 행정상·재정상의 지원조치를 강구하여야 한다.

② 제1항에 따른 지원조치에는 국제회의 참가자가 이용할 숙박시설, 교통시설 및 관광편의시설 등의 설치·확충 또는 개선을 위하여 필요한 사항이 포함되어야 한다.
[전문개정 2007.12.21]

제4조 삭제 〈2009.3.18〉

第5조 (국제회의 전담조직의 지정 및 설치) ① 문화체육관광부장관은 국제회의산업의 육성을 위하여 필요하면 국제회의 전담조직(이하 "전담조직"이라 한다)을 지정할 수 있다. 〈개정 2008.2.29〉

② 국제회의시설을 보유·관할하는 지방자치단체의 장은 국제회의 관련 업무를 효율적으로 추진하기 위하여 필요하다고 인정하면 전담조직을 설치할 수 있다.

③ 전담조직의 지정·설치 및 운영 등에 필요한 사항은 대통령령으로 정한다.
[전문개정 2007.12.21]

第6조 (국제회의산업육성기본계획의 수립 등) ① 문화체육관광부장관은 국제회의산업의 육성·진흥을 위하여 다음 각 호의 사항이 포함되는 국제회의산업육성기본계획(이하 "기본계획"이라 한다)을 수립·시행하여야 한다. 〈개정 2008.2.29〉

1. 국제회의의 유치와 촉진에 관한 사항
2. 국제회의의 원활한 개최에 관한 사항
3. 국제회의에 필요한 인력의 양성에 관한 사항
4. 국제회의시설의 설치와 확충에 관한 사항
5. 그 밖에 국제회의산업의 육성·진흥에 관한 중요 사항

② 삭제 〈2009.3.18〉

③ 문화체육관광부장관은 국제회의산업 육성과 관련된 기관의 장에게 기본계획의 효율적인 달성을 위하여 필요한 협조를 요청할 수 있다. 〈개정 2008.2.29〉

④ 기본계획의 수립에 필요한 사항은 대통령령으로 정한다.

[전문개정 2007.12.21]

第7조 (국제회의 유치·개최 지원) ① 문화체육관광부장관은 국제회의의 유치를 촉진하고 그 원활한 개최를 위하여 필요하다고 인정하면 국제회의를 유치하거나 개최하는 자에게 지원을 할 수 있다. 〈개정 2008.2.29〉

② 제1항에 따른 지원을 받으려는 자는 문화체육관광부령으로 정하는 바에 따라 문화체육관광부장관에게 그 지원을 신청하여야 한다. 〈개정 2008.2.29〉

[전문개정 2007.12.21]

第8조 (국제회의산업 육성기반의 조성) ① 문화체육관광부장관은 국제회의산업 육성기반을 조성하기 위하여 관계 중앙행정기관의 장과 협의하여 다음 각 호의 사업을 추진하여야 한다. 〈개정 2008.2.29〉

1. 국제회의시설의 건립

2. 국제회의 전문인력의 양성
3. 국제회의산업 육성기반의 조성을 위한 국제협력
4. 인터넷 등 정보통신망을 통하여 수행하는 전자국제회의 기반의 구축
5. 국제회의산업에 관한 정보와 통계의 수집 · 분석 및 유통
6. 그 밖에 국제회의산업 육성기반의 조성을 위하여 필요하다고 인정되는 사업으로서 대통령령으로 정하는 사업

② 문화체육관광부장관은 다음 각 호의 기관 · 법인 또는 단체(이하 "사업시행기관"이라 한다) 등으로 하여금 국제회의산업 육성기반의 조성을 위한 사업을 실시하게 할 수 있다. 〈개정 2008.2.29〉

1. 제5조제1항 및 제2항에 따라 지정 · 설치된 전담조직
2. 제14조제1항에 따라 지정된 국제회의도시
3. 「한국관광공사법」에 따라 설립된 한국관광공사
4. 「고등교육법」에 따른 대학 · 산업대학 및 전문대학
5. 그 밖에 대통령령으로 정하는 법인 · 단체

[전문개정 2007.12.21]

제9조 (국제회의시설의 건립 및 운영 촉진 등) 문화체육관광부장관은 국제회의시설의 건립 및 운영 촉진 등을 위하여 사업시행기관이 추진하는 다음 각 호의 사업을 지원할 수 있다. 〈개정 2008.2.29〉
1. 국제회의시설의 건립
2. 국제회의시설의 운영
3. 그 밖에 국제회의시설의 건립 및 운영 촉진을 위하여 필요하다고 인정하는 사업으로서 문화체육관광부령으로 정하는 사업

[전문개정 2007.12.21]

제10조 (국제회의 전문인력의 교육 · 훈련 등) 문화체육관광부장관은 국제회의 전문인력의 양성 등을 위하여 사업시행기관이 추진하는 다음 각 호의 사업을 지원할 수 있다. 〈개정 2008.2.29〉

1. 국제회의 전문인력의 교육 · 훈련
2. 국제회의 전문인력 교육과정의 개발 · 운영
3. 그 밖에 국제회의 전문인력의 교육 · 훈련과 관련하여 필요한 사업으로서 문화체육관광부령으로 정하는 사업

[전문개정 2007.12.21]

제11조 (국제협력의 촉진) 문화체육관광부장관은 국제회의산업 육성기반의 조성과 관련된 국제협력을 촉진하기 위하여 사업시행기관이 추진하는 다음 각 호의 사업을 지원할 수 있다. 〈개정 2008.2.29〉

1. 국제회의 관련 국제협력을 위한 조사 · 연구
2. 국제회의 전문인력 및 정보의 국제 교류
3. 외국의 국제회의 관련 기관 · 단체의 국내 유치
4. 그 밖에 국제회의의 육성기반의 조성에 관한 국제협력을 촉진하기 위하여 필요한 사업으로서 문화체육관광부령으로 정하는 사업

[전문개정 2007.12.21]

제12조 (전자국제회의 기반의 확충) ① 정부는 전자국제회의 기반을 확충하기 위하여 필요한 시책을 강구하여야 한다.

② 문화체육관광부장관은 전자국제회의 기반의 구축을 촉진하기 위하여 사업시행기관이 추진하는 다음 각 호의 사업을 지원할 수 있다. 〈개정 2008.2.29〉

1. 인터넷 등 정보통신망을 통한 사이버 공간에서의 국제회의 개최
2. 전자국제회의 개최를 위한 관리체제의 개발 및 운영
3. 그 밖에 전자국제회의 기반의 구축을 위하여 필요하다고 인정하는 사업으로서 문화체육관광부령으로 정하는 사업

[전문개정 2007.12.21]

제13조 (국제회의 정보의 유통 촉진) ① 정부는 국제회의 정보의 원활한 공급 · 활용 및 유통을 촉진하기 위하여 필요한 시책을 강구하여야 한다.

② 문화체육관광부장관은 국제회의 정보의 공급 · 활용 및 유통을 촉진하기 위하여 사업시행기관이 추진하는 다음 각 호의 사업을 지원할 수 있다. 〈개정 2008.2.29〉

1. 국제회의 정보 및 통계의 수집 · 분석
2. 국제회의 정보의 가공 및 유통
3. 국제회의 정보망의 구축 및 운영
4. 그 밖에 국제회의 정보의 유통 촉진을 위하여 필요한 사업으로 문화체육관광부령으로 정하는 사업

③ 문화체육관광부장관은 국제회의 정보의 공급 · 활용 및 유통을 촉진하기 위하여 필요하면 문화체육관광부령으로 정하는 바에 따라 관계 행정기관과 국제회의 관련 기관 · 단체에 대하여 국제회의 정보의 제출을 요청하거나 국제회의 정보를 제공할 수 있다. 〈개정 2008.2.29〉

[전문개정 2007.12.21]

제14조 (국제회의도시의 지정 등) ① 문화체육관광부장관은 대통령령으로 정하는 국제회의도시 지정기준에 맞는 특별시 · 광역시 및 시를 국제회의도시로 지정할 수 있다. 〈개정 2008.2.29, 2009.3.18〉

② 문화체육관광부장관은 국제회의도시를 지정하는 경우 지역 간의 균형적 발전을 고려하여야 한다. 〈개정 2008.2.29〉

③ 문화체육관광부장관은 국제회의도시가 제1항에 따른 지정기준에 맞지 아니하게 된 경우에는 그 지정을 취소할 수 있다. 〈개정 2008.2.29, 2009.3.18〉

④ 문화체육관광부장관은 제1항과 제3항에 따른 국제회의도시의 지정 또는 지정취소를 한 경우에는 그 내용을 고시하여야 한다. 〈개정 2008.2.29〉
⑤ 제1항과 제3항에 따른 국제회의도시의 지정 및 지정취소 등에 필요한 사항은 대통령령으로 정한다.

[전문개정 2007.12.21]

제15조 (국제회의도시의 지원) 문화체육관광부장관은 제14조제1항에 따라 지정된 국제회의도시에 대하여는 다음 각 호의 사업에 우선 지원할 수 있다. 〈개정 2008.2.29〉

1. 국제회의도시에서의 「관광진흥개발기금법」 제5조의 용도에 해당하는 사업
2. 제16조제2항 각 호의 어느 하나에 해당하는 사업

[전문개정 2007.12.21]

제16조 (재정 지원) ① 문화체육관광부장관은 이 법의 목적을 달성하기 위하여 「관광진흥개발기금법」 제2조제2항제3호에 따른 국외 여행자의 출국납부금 총액의 100분의 10에 해당하는 금액의 범위에서 국제회의산업의 육성재원을 지원할 수 있다. 〈개정 2008.2.29〉

② 문화체육관광부장관은 제1항에 따른 금액의 범위에서 다음 각 호에 해당되는 사업에 필요한 비용의 전부 또는 일부를 지원할 수 있다. 〈개정 2008.2.29〉

1. 제5조제1항 및 제2항에 따라 지정·설치된 전담조직의 운영
2. 제7조제1항에 따른 국제회의 유치 또는 그 개최자에 대한 지원
3. 제8조제2항제2호부터 제5호까지의 규정에 따른 사업시행기관에서 실시하는 국제회의산업 육성기반 조성사업
4. 제10조부터 제13조까지의 각 호에 해당하는 사업
5. 그 밖에 국제회의산업의 육성을 위하여 필요한 사항으로서 대통령령으로 정하는 사업

③ 제2항에 따른 지원금의 교부에 필요한 사항은 대통령령으로 정한다.

④ 제2항에 따른 지원을 받으려는 자는 대통령령으로 정하는 바에 따라 문화체육관광부장관 또는 제18조에 따라 사업을 위탁받은 기관의 장에게 지원을 신청하여야 한다. 〈개정 2008.2.29〉

[전문개정 2007.12.21]

제17조 (다른 법률과의 관계) ① 국제회의시설의 설치자가 국제회의시설에 대하여 「건축법」 제11조에 따른 건축허가를 받으면 같은 법 제11조제5항 각 호의 사항 외에 다음 각 호의 허가·인가 등을 받거나 신고를 한 것으로 본다. 〈개정 2008.3.21, 2009.6.9〉

1. 「하수도법」 제24조에 따른 시설이나 공작물 설치의 허가
2. 「수도법」 제52조에 따른 전용상수도 설치의 인가
3. 「소방시설설치유지 및 안전관리에 관한 법률」 제7조제1항에 따른 건축허가의 동의
4. 「폐기물관리법」 제29조제2항에 따른 폐기물처리시설 설치의 승인 또는 신고
5. 「대기환경보전법」 제23조, 「수질 및 수생태계 보전에 관한 법률」 제33조 및 「소음·진동관리법」 제8조에 따른 배출시설 설치의 허가 또는 신고

② 국제회의시설의 설치자가 국제회의시설에 대하여 「건축법」 제22조에 따른 사용승인을 받으면 같은 법 제22조제4항 각 호의 사항 외에 다음 각 호의 검사를 받거나 신고를 한 것으로 본다. 〈개정 2008.3.21, 2009.6.9〉

1. 「수도법」 제53조에 따른 전용상수도의 준공검사
2. 「소방시설공사업법」 제14조제1항에 따른 소방시설의 완공검사
3. 「폐기물관리법」 제29조제4항에 따른 폐기물처리시설의 사용개시 신고
4. 「대기환경보전법」제30조 및 「수질 및 수생태 보전에 관한 법률」제37조에 따른 배출시설 등의 가동개시(稼動開始) 신고

③ 제1항과 제2항에 따른 허가·인가·검사 등의 의제(擬制)를 받으려는 자는 해당 국제회의시설의 건축허가 및 사용승인을 신청할 때 문화체육관광부령으로 정하는 관계 서류를 함께 제출하여야 한다. 〈개정 2008.2.29〉

④ 특별자치도지사·시장·군수 또는 구청장(자치구의 구청장을 말한다)이 건축허가 및 사용승인 신청을 받은 경우 제1항과 제2항에 해당하는 사항이 다른 행정기관의 권한에 속하면 미리 그 행정기관의 장과 협의하여야 하며, 협의를 요청받은 행정기관의 장은 그 요청을 받은 날부터 15일 이내에 의견을 제출하여야 한다.

[전문개정 2007.12.21]

제18조 (권한의 위탁) ① 문화체육관광부장관은 제7조에 따른 국제회의의 유치·개최의 지원에 관한 업무를 대통령령으로 정하는 바에 따라 법인이나 단체에 위탁할 수 있다. 〈개정 2008.2.29〉

② 문화체육관광부장관은 제1항에 따른 위탁을 한 경우에는 해당 법인이나 단체에 예산의 범위에서 필요한 경비(經費)를 보조할 수 있다. 〈개정 2008.2.29〉

[전문개정 2007.12.21]

부칙 〈법률 제5210호, 1996.12.30〉

이 법은 공포후 3월이 경과한 날부터 시행한다.

부칙 〈법률 제6442호, 2001.3.28〉

이 법은 공포한 날부터 시행한다.

부칙 〈법률 제6893호, 2003.5.29〉 (소방기본법)

제1조 (시행일) 이 법은 공포후 1년이 경과한 날부터 시행한다.

제2조 내지 제4조 생략

제5조 (다른 법률의 개정) ① 내지 ⑤ 생략

⑥ 국제회의산업육성에관한법률중 다음과 같이 개정한다.

제9조제1항제4호중 "소방법 제8조제1항"을 "소방시설설치유지 및안전관리에관한법률 제7조제1항"으로 하고, 동조제2항제2호중 "소방법 제62조"를 "소방시설공사업법 제14조제1항"으로 한다.

⑦ 내지 〈23〉생략

제6조 생략

부칙 〈법률 제6961호, 2003.8.6〉

이 법은 공포후 6월이 경과한 날부터 시행한다.

부칙 〈법률 제7459호, 2005.3.31〉 (수질환경보전법)

제1조 (시행일) 이 법은 공포 후 1년이 경과한 날부터 시행한다.

제2조 내지 제4조 생략

제5조 (다른 법률의 개정) ① 및 ②생략

③ 국제회의산업육성에관한법률 일부를 다음과 같이 개정한다.

제17조제1항제6호중 "수질환경보전법 제10조"를 "「수질환경보전법」 제33조"로 하고, 동조제2항제4호 "수질환경보전법 제14조"를 "「수질환경보전법」 제37조"로 한다.

④ 내지 〈36〉생략

제6조 생략

부칙 〈법률 제8369호, 2007.4.11〉 (소음 · 진동규제법)

제1조 (시행일) 이 법은 공포한 날부터 시행한다. 〈단서 생략〉

제2조 내지 제14조 생략

제15조 (다른 법률의 개정) ① 내지 ③생략

④ 국제회의산업육성에관한법률 일부를 다음과 같이 개정한다.

제17조제1항제6호 중 "소음 · 진동규제법 제9조"를 "「소음 · 진동규제법」 제8조"로 하고, 같은 조 제2항제4호 중 "소음 · 진동규제법 제13조"를 "「소음 · 진동규제법」 제13조"로 한다.

⑤ 내지 〈20〉생략

제16조 생략

부칙 〈법률 제8370호, 2007.4.11〉

제1조 (시행일) 이 법은 공포한 날부터 시행한다. 〈단서 생략〉

제2조 내지 제18조 생략

제19조 (다른 법률의 개정) ① 내지 ⑤생략

⑥ 국제회의산업육성에관한법률 일부를 다음과 같이 개정한다.

제17조제1항제2호 중 "수도법 제36조"를 "「수도법」 제52조"로, 같은 조 제2항제1호 중 "수도법 제37조"를 "「수도법」 제53조"로 한다.

⑦ 내지 〈66〉생략
제20조 생략

부칙 〈법률 제8371호, 2007.4.11〉 (폐기물관리법)

제1조 (시행일) 이 법은 공포한 날부터 시행한다. 〈단서 생략〉

제2조 내지 제8조 생략

제9조 (다른 법률의 개정) ① 내지 ④생략

⑤ 국제회의산업육성에관한법률 일부를 다음과 같이 개정한다.

제17조제1항제5호 중 "폐기물관리법 제30조제2항"을 "「폐기물관리법」 제29조제2항"으로 하고, 같은 조 제2항제3호 중 "폐기물관리법 제30조제4항"을 "「폐기물관리법」 제29조제4항"으로 한다.

⑥ 내지 〈46〉생략

제10조 생략

부칙 〈법률 제8404호, 2007.4.27〉 (대기환경보전법)

제1조 (시행일) 이 법은 공포한 날부터 시행한다. 〈단서 생략〉

제2조 부터 제12조 생략

제13조 (다른 법률의 개정) ①부터 ③생략

④ 국제회의산업육성에관한법률 일부를 다음과 같이 개정한다.

제17조제1항제6호 중 "대기환경보전법 제10조"를 "「대기환경보전법」 제23조"로 하고, 같은 조 제2항제4호 중 "대기환경보전법 제14조"를 "「대기환경보전법」 제30조"로 한다.

⑤부터 〈30〉생략

제14조 생략

부칙 〈법률 제8466호, 2007.5.17〉 (수질 및 수생태계 보전에 관한 법률)

제1조 (시행일) 이 법은 공포 후 6개월이 경과한 날부터 시행한다.

제2조 및 제3조 생략

제4조 (다른 법률의 개정) ①부터 ③까지 생략

④ 국제회의산업육성에관한법률 일부를 다음과 같이 개정한다.

제17조제1항제6호 및 동조제2항제4호 중 "「수질환경보전법」"을 각각 "「수질 및 수생태계 보전에 관한 법률」"로 한다.

⑤부터 〈55〉까지 생략

제5조 생략

부칙 〈법률 제8743호, 2007.12.21〉

이 법은 공포한 날부터 시행한다.

부칙 〈법률 제8852호, 2008.2.29〉 (정부조직법)

제1조 (시행일) 이 법은 공포한 날부터 시행한다. 다만, · · · 〈생략〉 · · · , 부칙 제6조에 따라 개정되는 법률 중 이 법의 시행 전에 공포되었으나 시행일이 도래하지 아니한 법률을 개정한 부분은 각각 해당 법률의 시행일부터 시행한다.

제2조 부터 제5조까지 생략

제6조 (다른 법률의 개정) ①부터 〈249〉까지 생략

〈250〉 국제회의산업육성에관한법률 일부를 다음과 같이 개정한다.

제4조제1항 각 호 외의 부분 · 같은 항 제4호 · 제2항, 제5조제1항, 제6조제1항 각 호 외의 부분 · 제2항 · 제3항, 제7조제1항 · 제2항, 제8조제1항 각 호 외의 부분 · 제2항 각 호 외의 부분, 제9조 각 호 외의 부분, 제10조 각 호 외의 부분, 제11조 각 호 외의 부분, 제12조제2항 각 호 외의 부분, 제13조제2항 각 호 외의 부분 · 제3항, 제14조제1항부터 제4항까지, 제15조 각 호 외의 부분, 제16조제1항 · 제2항 각 호 외의 부분 · 제4항 및 제18조제1항 · 제2항 중 "문화관광부장관"을 각각 "문화체육관광부장관"으로 한다.

제7조제2항, 제9조제3호, 제10조제3호, 제11조제4호, 제12조제2항제3호, 제13조제2항제4호 · 제3항 및 제17조제3항 중 "문화관광부령"을 각각 "문화체육관광부령"으로 한다.

〈251〉부터 〈760〉까지 생략

제7조 생략

부칙 〈법률 제8974호, 2008.3.21〉 (건축법)

제1조 (시행일) 이 법은 공포한 날부터 시행한다. 〈단서 생략〉

제2조 부터 제12조까지 생략

제13조 (다른 법률의 개정) ①부터 ⑦까지 생략

⑧ 국제회의산업 육성에 관한 법률 일부를 다음과 같이 개정한다.
제17조제1항 각 호 외의 부분 중 "「건축법」 제8조"를 "「건축법」 제11조"로, "제8조제6항"

을 "제11조제5항"으로 하고, 같은 조 제2항 각 호 외의 부분 중 "「건축법」 제18조"를 "「건축법」 제22조"로, "제18조제4항"을 "제22조제4항"으로 한다.

⑨부터 〈70〉까지 생략

제14조 생략

부칙 〈법률 제9492호, 2009.3.18〉

이 법은 공포한 날부터 시행한다.

부칙 〈법률 제9770호, 2009.6.9〉 (소음ㆍ진동관리법)

제1조(시행일) 이 법은 2010년 7월 1일부터 시행한다. 〈단서 생략〉

제2조 부터 제5조까지 생략

제6조(다른 법률의 개정) ①부터 ⑫까지 생략

⑬ 국제회의산업 육성에 관한 법률 일부를 다음과 같이 개정한다.

제17조제1항제5호 중 "「소음ㆍ진동규제법」"을 "「소음ㆍ진동관리법」"으로 한다.

제17조제2항제4호 중 "「대기환경보전법」제30조, 「수질 및 수생태계 보전에 관한 법률」 제37조 및 「소음ㆍ진동규제법」제13조에 따른 배출시설"을 "「대기환경보전법」제30조 및 「수질 및 수생태 보전에 관한 법률」제37조에 따른 배출시설"로 한다.

⑭부터 〈38〉까지 생략

제7조 생략

국제회의산업 육성에 관한 법률 시행령

[시행 2011. 2.25] [대통령령 제22675호, 2011. 2.25, 일부개정]

제1조(목적) 이 영은 국제회의산업육성에관한법률에서 위임된 사항과 그 시행에 관하여 필요한 사항을 규정함을 목적으로 한다.

제2조(국제회의의 종류ㆍ규모) 국제회의산업육성에관한법률(이하 "법"이라 한다) 제2조 제1호의 규정에 의한 국제회의는 다음 각호의 1에 해당하는 회의를 말한다.

1. 국제기구 또는 국제기구에 가입한 기관 또는 법인ㆍ단체가 개최하는 회의로서 다음 각목의 요건을 갖춘 회의
   가. 당해 회의에 5개국 이상의 외국인이 참가할 것
   나. 회의참가자가 300인 이상이고 그 중 외국인이 100인 이상일 것
   다. 3일 이상 진행되는 회의일 것

2. 국제기구에 가입하지 아니한 기관 또는 법인ㆍ단체가 개최하는 회의로서 다음 각목의 요건을 갖춘 회의
   가. 회의참가자중 외국인이 150인 이상일 것
   나. 2일 이상 진행되는 회의일 것

제3조(국제회의시설의 종류ㆍ규모) ① 법 제2조제3호의 규정에 의한 국제회의시설은 전문회의시설ㆍ준회의시설ㆍ전시시설 및 부대시설로 구분한다.

② 전문회의시설은 다음 각호의 요건을 갖추어야 한다. 〈개정 2011.2.25〉

1. 2천인 이상의 인원을 수용할 수 있는 대회의실이 있을 것
2. 30인 이상의 인원을 수용할 수 있는 중ㆍ소회의실이 10실 이상 있을 것
3. 옥내와 옥외 전시면적을 합쳐서 2천제곱미터 이상 확보하고 있을 것

③ 준회의시설은 국제회의의 개최에 필요한 회의실로 활용할 수 있는 호텔연회장ㆍ공연장ㆍ체육관 등의 시설로서 다음 각호의 요건을 갖추어야 한다. 〈개정 2011.2.25〉

1. 200명 이상의 인원을 수용할 수 있는 대회의실이 있을 것
2. 30인 이상의 인원을 수용할 수 있는 중ㆍ소회의실이 3실 이상 있을 것

④ 전시시설은 다음 각호의 요건을 갖추어야 한다. 〈개정 2011.2.25〉

1. 옥내와 옥외 전시면적을 합쳐서 2천제곱미터 이상 확보하고 있을 것
2. 30인 이상의 인원을 수용할 수 있는 중ㆍ소회의실이 5실 이상 있을 것

⑤ 부대시설은 국제회의의 개최 및 전시의 편의를 위하여 제2항 및 제4항의 시설에 부속된 숙박시설 · 주차시설 · 음식점시설 · 휴식시설 · 판매시설 등으로 한다.

제4조 삭제 〈2011.2.25〉

제5조 삭제 〈2011.2.25〉

제6조 삭제 〈2011.2.25〉

제7조 삭제 〈2011.2.25〉

제8조 삭제 〈2011.2.25〉

제9조(국제회의 전담조직의 업무) 법 제5조제1항의 규정에 의한 국제회의 전담조직은 다음 각호의 업무를 담당한다.

1. 국제회의의 유치 및 개최 지원
2. 국제회의산업의 국외홍보
3. 국제회의 관련정보의 수집 및 배포
4. 국제회의 전문인력의 교육 및 수급
5. 법 제5조제2항의 규정에 따라 설치된 전담조직에 대한 지원 및 상호협력
6. 그 밖에 국제회의산업의 육성과 관련된 업무

제10조(국제회의 전담조직의 지정) 문화체육관광부장관은 법 제5조제1항에 따른 국제회의 전담조직을 지정할 때에는 제9조에 따른 업무를 수행할 수 있는 전문인력 및 조직 등을 적절하게 갖추었는지를 고려하여야 한다.

[전문개정 2011.2.25]

제11조(국제회의산업육성기본계획) 문화체육관광부장관은 법 제6조의 규정에 의한 국제회의산업육성기본계획을 수립 또는 변경하는 경우에는 국제회의산업과 관련이 있는 기관 또는 단체 등의 의견을 들어야 한다. 〈개정 2008.2.29〉

제12조(국제회의산업육성기반 조성사업 및 사업시행기관) ① 법 제8조제1항제6호에서 "대통령령이 정하는 사업"이라 함은 다음 각호의 사업을 말한다.

1. 법 제5조의 규정에 의한 국제회의 전담조직의 육성
2. 국제회의산업에 관한 국외홍보사업

②법 제8조제2항제5호에서 "그 밖에 대통령령이 정하는 법인 · 단체"라 함은 국제회의산업의 육성과 관련된 업무를 수행하는 법인 · 단체로서 문화체육관광부장관이 지정하는 법인 · 단체를 말한다. 〈개정 2008.2.29〉

제13조(국제회의도시의 지정기준) 법 제14조제1항의 규정에 의한 국제회의도시의 지정기준은 다음 각호와 같다.

1. 지정대상도시안에 국제회의시설이 있고, 당해 특별시·광역시 또는 시에서 이를 활용한 국제회의산업육성에 관한 계획을 수립하고 있을 것
2. 지정대상도시안에 숙박시설·교통시설·교통안내체계 등 국제회의 참가자를 위한 편의시설이 갖추어져 있을 것
3. 지정대상도시 또는 그 주변에 풍부한 관광자원이 있을 것

제14조(재정지원 등) 법 제16조제2항의 규정에 의한 지원금의 교부는 당해 사업의 추진상황 등을 고려하여 분할하여 지급한다. 다만, 사업의 규모·착수시기 등을 참작하여 필요하다고 인정하는 때에는 일시에 이를 지급할 수 있다.

제15조(지원금의 관리 및 회수) ① 법 제16조제2항의 규정에 따라 지원금을 교부받은 자는 그 지원금에 대하여 별도의 계정을 설치하여 관리하여야 하고, 그 사용실적을 사업종료후 1월 이내에 문화체육관광부장관에게 보고하여야 한다. 〈개정 2008.2.29〉

②법 제16조제2항의 규정에 따라 지원금을 교부받은 자가 법 제16조제2항 각호의 규정에 의한 용도외에 지원금을 사용한 때에는 그 지원금을 회수할 수 있다.

제16조(권한의 위탁) 문화체육관광부장관은 법 제18조제1항의 규정에 따라 법 제7조의 국제회의의 유치·개최의 지원에 관한 업무를 법 제5조제1항에 의한 국제회의 전담조직에 위탁한다. 〈개정 2008.2.29〉

부칙 〈대통령령 제18271호, 2004.2.7〉

이 영은 공포한 날부터 시행한다.

부칙 〈대통령령 제19513호, 2006.6.12〉 (고위공무원단 인사규정)

제1조 (시행일) 이 영은 2006년 7월 1일부터 시행한다.

제2조 및 제3조 생략

제4조 (다른 법령의 개정) ① 내지 〈56〉생략

〈57〉국제회의산업육성에관한법률시행령 일부를 다음과 같이 개정한다.
제4조제2항제1호중 "1급 공무원"을 "고위공무원단에 속하는 일반직공무원"으로 한다.
〈58〉 내지 〈241〉생략

부칙 〈대통령령 제20676호, 2008.2.29〉 (문화체육관광부와 그 소속기관 직제)

제1조(시행일) 이 영은 공포한 날부터 시행한다.

제2조 부터 제4조까지 생략

제5조(다른 법령의 개정) ①부터 ⑦까지 생략

⑧ 국제회의산업육성에관한법률시행령 일부를 다음과 같이 개정한다.

제4조제2항 각 호 외의 부분, 제6조제1항, 제10조, 제11조, 제12조제2항, 제15조제1항, 제16조 중 "문화관광부장관"을 각각 "문화체육관광부장관"으로 한다.

제4조제2항 중 "문화관광부차관"을 "문화체육관광부제1차관"으로 한다.

⑨부터 〈37〉까지 생략

부칙 〈대통령령 제22675호, 2011.2.25〉

이 영은 공포한 날부터 시행한다.

국제회의산업 육성에 관한 법률 시행규칙

[시행 2008. 3. 6] [문화체육관광부령 제1호, 2008. 3. 6, 타법개정]

제1조 (목적) 이 규칙은 국제회의산업육성에관한법률 및 동법시행령에서 위임된 사항과 그 시행에 관하여 필요한 사항을 규정함을 목적으로 한다.

제2조 (국제회의의 유치·개최 지원신청) 국제회의산업육성에관한법률(이하 "법"이라 한다) 제7조제2항의 규정에 따라 국제회의의 유치·개최에 관한 지원을 받고자 하는 자는 별지서식의 국제회의지원신청서에 다음 각호의 서류를 첨부하여 법 제5조제1항의 규정에 의한 국제회의 전담조직의 장에게 제출하여야 한다.

1. 국제회의의 유치·개최 계획서(국제회의의 명칭·목적·기간·장소·참가자수·소요비용 등을 포함하여야 한다) 1부
2. 국제회의의 유치·개최 실적에 관한 서류(국제회의를 유치·개최한 실적이 있는 경우에 한한다) 1부
3. 지원을 받고자 하는 세부내용을 기재한 서류 1부

제3조 (지원결과보고) 법 제7조의 규정에 따라 지원을 받은 국제회의 유치·개최자는 당해 사업이 완료된 후 1월 이내에 법 제5조제1항의 규정에 의한 국제회의 전담조직의 장에게 사업결과보고서를 제출하여야 한다.

제4조 (국제회의시설의 지원) 법 제9조제3호에서 "문화체육관광부령이 정하는 사업"이라 함은 국제회의시설의 국외 홍보활동을 말한다. 〈개정 2008.3.6〉

제5조 (전문인력의 교육·훈련) 법 제10조제3호에서 "문화체육관광부령이 정하는 사업"이라 함은 국제회의 전문인력 양성을 위한 인턴사원제도 등 현장실습의 기회제공사업을 말한다. 〈개정 2008.3.6〉

제6조 (국제협력의 촉진) 법 제11조제4호에서 "문화체육관광부령이 정하는 사업"이라 함은 다음 각호의 사업을 말한다. 〈개정 2008.3.6〉

1. 국제회의 관련 국제행사의 참가
2. 국외의 국제회의 관련 기관·단체에의 인력파견

제7조 (전자국제회의기반 구축) 법 제12조제2항제3호에서 "문화체육관광부령이 정하는 사업"이라 함은 전자국제회의의 개최를 위한 국내·외 기관간의 협력사업을 말한다. 〈개정 2008.3.6〉

제8조 (국제회의 정보의 유통촉진) ① 법 제13조제2항제4호에서 "문화체육관광부령이

정하는 사업"이라 함은 국제회의 정보의 활용을 위한 자료의 발간 및 배포를 말한다. 〈개정 2008.3.6〉

②법 제13조제3항의 규정에 따라 문화체육관광부장관이 국제회의 정보의 제출을 요청하거나, 이를 제공하는 때에는 그 요청하고자 하는 정보의 구체적인 내용 등을 기재하여 문서로써 하여야 한다. 〈개정 2008.3.6〉

제9조 (국제회의도시의 지정신청) 법 제14조제1항의 규정에 따라 국제회의도시의 지정을 신청하고자 하는 특별시장·광역시장 또는 시장은 다음 각호의 내용을 기재한 서류를 문화체육관광부장관에게 제출하여야 한다. 〈개정 2008.3.6〉

1. 국제회의시설의 보유현황 및 이를 활용한 국제회의산업육성에 관한 계획
2. 숙박시설·교통시설·교통안내체계 등 국제회의 참가자를 위한 편의시설의 현황 및 확충계획
3. 지정대상도시 또는 그 주변의 관광자원의 현황 및 개발계획
4. 국제회의 유치·개최 실적 및 계획

제10조 (인·허가 등의 의제를 위한 서류제출) 법 제17조제3항에서 "문화체육관광부령이 정하는 관계서류"라 함은 법 제17조제1항 및 제2항의 규정에 따라 의제되는 허가·인가·검사 등에 필요한 서류를 말한다. 〈개정 2008.3.6〉

부칙 〈문화관광부령 제87호, 2004.2.21〉

이 규칙은 공포한 날부터 시행한다.

부칙 〈문화체육관광부령 제1호, 2008.3.6〉 (문화체육관광부와 그 소속기관 직제 시행규칙)

제1조(시행일) 이 규칙은 공포한 날부터 시행한다.

제2조 생략

제3조(다른 법령의 개정) ①부터 ⑧까지 생략

⑨ 국제회의산업육성에관한법률시행규칙 일부를 다음과 같이 개정한다.

제4조, 제5조, 제6조 각 호 외의 부분, 제7조, 제8조제1항, 제10조 중 "문화관광부령"을 각각 "문화체육관광부령"으로 한다.

제8조제2항, 제9조 각 호 외의 부분 중 "문화관광부장관"을 각각 "문화체육관광부장관"으로 한다.

⑩부터 〈24〉까지 생략

부록 2.

컨벤션 기획사 2급 필기시험 기출문제

2003년도 컨벤션산업론

1. 예산안 재무관리에 대한 계획을 수립하기 전 고려해야 할 사항으로 거리가 먼 것은?

가. 회의장, 숙박, 식음료 및 교통 등과 관련 지출 항목
나. 최근 유사한 컨벤션에 대한 재무보고서
다. 계절(개최시기)에 따라 발생되는 비용과 편익
라. 주최자 관련 정보

2. A기업은 우수영업사원의 표창 및 team building program을 통해 사원의 사기를 진작시키기 위한 행사를 계획하고 있다. 어떤 행사장이 적합한가?

가. 리조트 행사장
나. 도심호텔
다. 컨퍼런스 호텔/센터
라. 공항호텔

3. 컨벤션 개최지의 요건이 아닌 것은?

가. 정치, 경제, 사회, 문화, 과학, 의학 등 환경이 적절한 곳이어야 한다.
나. 숙박시설이 충분하고 편하게 이용할 수 있어야 한다.
다. 개최지 관리회사(DMC)가 반드시 조직되어 있어야 한다.
라. 컨벤션센터 및 회의관련 서비스가 이용 가능해야 한다.

4. PCO의 마케팅 믹스 4P에 관한 설명으로 틀린 것은?

가. Product는 회의에서의 체험 그 자체이다.
나. Place는 개최도시의 입지 및 접근성이다.
다. Price는 참가자에 있어서 중요한 참가결정요인이 된다.
라. Promotion은 궁극적으로 관련업체들을 위한 설득과 커뮤니케이션이다.

5. 다음 중 국제회의 발표형식 설명으로 맞는 것은?

가. Workshop : 한명의 연사가 하나의 토픽에 대하여 강연하는 형식
나. Plenary Session : 실제로 현장을 시찰할 목적으로 방문함
다. Concurrent Sessions : 모든 참가자들이 참석하는 본 회의
라. Panel : 2-3명의 연사가 다른 관점으로 토론을 벌임

6. 참가자들에게 특정분야의 기술이나 이론을 습득시키고 교육시키며 문제를 해결하도록 도와주는 소규모의 모임으로 예를 들면, 프로골퍼를 초청하여 참석자들에게 기술이나 장비선택 등을 알려주고 그 문제점을 해결시켜 주는 형식의 모임은?

가. 포럼(Forum)
나. 클리닉(Clinic)
다. 컨벤션뷰로(Convention Bureau)
라. 컨그레스(Congress)

7. 다음 내용은 컨벤션산업의 어떤 특징을 의미 하는가?

"구매되지 않은 서비스에 대해서는 차후 사용할 수 없으므로 미래에 수요자가 있을지라도 미리 생산하여 재고로 보관할 수 없다."

가. 소멸성
나. 무형성
다. 전문성
라. 비분리성

8. 다음은 국제회의 프로그램 기획과정의 단계별 순서이다. ( )에 적합한 것은?

“회의목표작성 – ( ) – 회의주제 연사, 발표형식 선정 – 개최시기, 장소선정 – 지출비용리스트 – 학습환경 조성의 흐름

가. 참가자 분석
나. 식음료 행사 준비
다. 마케팅비용 계산
라. 행사장 Set up

9. 컨벤션 운영과 관련하여 컨벤션기획가가 위험요소 확인사항 체크 시 가장 거리가 먼 것은?

가. Force Majeure 상황인지 아닌지를 체크해야 한다.
나. 개최지역의 범죄율이나 자연재해를 체크해야 한다.
다. 컨벤션이 지역경제에 미치는 파급효과를 분석해야 한다.
라. 연사의 경력 및 정책/철학에 대한 분석이 필요하다.

10. 컨벤션의 사전등록 통보 시 포함될 정보가 아닌 것은?

가. 등록자격
나. 사전등록서 제출마감
다. 현지등록장소 및 시간
라. 회의기획자의 지시 하에 정보를 처리하는 방법

11. 회의기획자를 대상으로 한 홍보는 타산업의 바이어를 대상으로 한 마케팅보다 더욱 어려운 면을 갖는데, 그 이유로 적절치 못한 것은?

가. 바이어를 찾기 어렵다.
나. 수요를 예측하기가 곤란하다.
다. 고객과의 신뢰를 축적하기가 어렵다.
라. 적절한 홍보매체가 없다.

12. 국제회의 산업 육성에 관한 법률에 따라 국제회의 도시는 누가 지정할 수 있는가?

가. 대통령
나. 국무총리
다. 문화관광부장관
라. 광역단체장

13. 다음은 한 행사진행을 위한 비용이다.

참가자 등록비 – $22
회의장 임대료 – $1,000
연설료 – $1,000
광고비 – $500
F&B – 참가자당 $10
선물 – 참가자당 $2

이 행사는 몇 명의 참가자를 유치해야 손익분기점에 도달하는가?

가. 320명
나. 80명
다. 240명
라. 160명

14. 국제회의에 연계된 전시회가 개최될 경우 컨벤션기획사가 전시회 참가업체들을 위해 기울여 주어야 할 노력과 거리가 가장 먼 것은?

가. 전시장의 위치를 회의장에서 쉽게 접근할 수 있는 곳으로 선정해 둔다.
나. 회의기간 동안 회의참가자들이 전시회를 관람할 수 있도록 충분한 시간이 배려되도록 한다.
다. 회의참가자들의 전시회관람을 촉진하는 노력을 기울여야 한다.
라. 일반인들도 전시회 관람이 가능하도록 적극적인 촉진활동을 펼쳐야 한다.

15. 다음에서 설명하는 회의 진행방법은 무엇인가?

> "학술회의와 과학 · 기술회의에서 많이 사용되는 방식으로 구두로 설명하는 것보다 그림 · 사진과 함께 문자로 설명하는 편이 이해하기 쉽거나 발표내용을 연속적으로 게시해 두고 싶은 경우에 흔히 사용되는데, 발표자가 공고판에 발표내용을 게시하고 주변에 대기하고 있어 그 테마에 관심이 있는 참가자와 토론을 할 수 있다.

가. 패널
나. 소집단회의
다. 포스터세션
라. 심포지움

16. Function Sheet에 대한 설명으로 틀린 것은?

가. Banquet Event Order 라고 불리기도 한다.
나. Function Sheet는 행사전반 스케줄의 개요를 담고 있다.
다. Meeting Resume라고 불리기도 한다.
라. Function Sheet는 Pre-Con Meeting의 결과를 요약해서 담고 있다.

17. 등록업무와 관련한 설명으로 틀린 것은?

가. 등록장소는 넓은 공간일수록 좋다.
나. 사전등록과 현장등록을 구분해야 한다.
다. 등록장소 구성시 배치도(floor plan)을 그려본다.
라. 등록업무 구분은 크게 회원, 비회원으로 구분한다.

18. 다음 중 행사에서 일어날 수 있는 위기관리 방법으로 적합하지 않은 것은?

가. 의료응급상황을 대비해서 참가자들의 평균나이와 병력 등을 조사해 놓는다.
나. 폭풍 때문에 참가자들이 갇혀 있는 상황이라면 즉흥파티를 연다.
다. 현장위기관리 기획표를 작성한다.
라. 행사에 반대하는 시위가 있을 때는 상대하지 않는 것이 가장 바람직하다.

19. 개최지를 결정하기 앞서 반드시 고려해야 할 가장 중요한 사항 두가지는?

가. 회의 목적지의 회의업체와 CVB
나. 회의 목적지의 교통수단과 행사시설
다. 회의 목적지 호텔객실수와 음식의 질
라. 회의 목적지 지역민의 국제화 수준 및 친절도

20. 사전등록의 장점에 관한 설명으로 틀린 것은?

가. 참가자들의 참가목적을 분명히 이해할 수 있다.
나. 현장등록시의 혼잡을 피할 수 있다.
다. 사전등록율이 저조할 경우 추가조치가 가능하다.
라. 사전등록자가 많아지면 현금흐름의 개선을 돕는다.

21. 컨벤션(국제회의)행사 연회와 관련하여 초청장을 발부 할 때 "참석여부를 통지해달라" 는 의미로 사용되는 국제공통표현은?

가. RPSV
나. RSVP
다. RVPS
라. SPVR

22. 다음의 회의실 좌석 배치방식(room setup style)중 사람을 가장 많이 수용할 수 있는 배열방식은?

가. 교실식 좌석 배열(classroom style)
나. 회의식 좌석 배열(conference style)
다. 극장식 좌석 배열(theater style)
라. 연회식 좌석 배열(banquet style)

23. 국제회의 참가자의 평가와 관련한 설명 중 옳은 것은?

가. 국제회의의 종료 후 회의참가자 전체 및 일부에게 무기명 설문지를 발송, 그 내용을 회신 받음으로써 가능하며 이 방법이 유일한 방법이다.
나. 국제회의의 평가는 설정한 목표와 계획이 얼마만큼 잘 이행되었는가, 어떻게 미래의 행사 프로그램에 보다 개선된 방향으로 활용할 수 있을까를 검토한다.
다. 모든 회의기획자들은 과거의 회의진행과정을 잘 살펴볼 필요가 있지만 과거의 회의기록은 미래의 수요예측에 도움을 주지는 못한다.
라. 간담회는 각자의 역할을 어떻게 수행했는지를 검토하고 비효율적이거나 비생산적인 부분을 지적하기 위함이 아니고 회의운영에 불편했던 사항을 파악하기 위함이다.

24. 다음 중 국제회의 기획 및 준비단계의 업무 내용이 아닌 것은?

가. 재무제표 작성
나. 주요행사 및 참가 예상인원 결정
다. 광고 안내문 발송
라. 사교행사 및 관광계획 수립 추진

25. 순차통역의 장·단점에 관한 설명으로 틀린 것은?

가. 동시통역에 비해 정확성이 떨어진다.
나. 각종 통신설비 설치와 운영에 따른 별도의 비용이 필요 없다.
다. 비교적 회의시간이 길어진다.
라. 대규모 컨벤션이 아닌 리셉션이나 개·폐회식의 인사말에 적당하다.

26. 회의 목적을 확정하기 위한 잠재 참가자와 요구분석(Need Analysis)에서 가장 중요하게 고려하지 않아도 될 사항은?

가. 참가경비의 부담자
나. 참가자는 이 회의의 참석이 자발적인가?

다. 참가자에게 이 회의에서 네트워킹 기회가 얼마나 중요한가?
라. 참가자의 성별

27 Spouse Program을 옳게 설명한 것은?

가. 컨벤션참가자들의 부인을 위한 프로그램이다.
나. 회의 전 관광프로그램을 말한다.
다. 회의 후 관광프로그램을 말한다.
라. 컨벤션참가자들의 자녀를 돌보기 위한 프로그램이다.

28. 컨벤션센터의 계약과 관련이 없는 것은?

가. 행사의 종류
나. 보험요구
다. 중재조항
라. 위원회업무와 실적의 평가기준

29. CVB 등이 회의개최지로서 자신의 지역을 알리고자 무료로 혹은 저렴한 비용으로 관련된 업계의 인사 및 여행업자들을 초청하는 여행형태는?

가. Site Inspection
나. Familiarization Trip
다. Incentive Tour
라. Convention Tour

30. 다음 중 DMC(Destination Marketing Companies)에 대한 설명으로 틀린 것은?

가. 보통 그 지역의 호텔 객실료를 제공한다.
나. 스페셜 이벤트 기획에서부터의 교통, 의전 등 행사에 필요한 서비스를 제공한다.

다. PCO의 기능을 제공한다.

라. 그 지역의 CVB와 같은 역할을 한다.

31. 기업회의 개최시기에 대한 결정이 이루어지면 회의기획가가 우선적으로 고려해야하는 사항과 내용이 잘못 연결된 것은?

가. 비용 – 예산범위 안에서의 가격협상

나. 스텝진 충원 – 충분한 수의 기획적인 확보

다. 장소선정 – 적절한 회의개최도시와 회의시설 선정

라. 참석률 – 전체직원 참석 유도

32. 국제회의산업의 발상지인 유럽중심의 범세계적인 중합국제기구로 1964년 설립되었으며 네덜란드 암스테르담에 본부를 두고 컨벤션 및 전시·박람회를 합법적인 수단과 방법으로 발전시키는데 기여함을 목적으로 설립된 컨벤션 전문기구는?

가. AACVB

나. IACVB

다. ICCA

라. UIA

33. 컨벤션 홍보용 광고물 제작에 관한 설명으로 틀린 것은?

가. 내년 회의의 장소와 시기 등을 공고할 가장 좋은 시기는 현재 회의가 개최중일 때이다.

나. 회의용 홍보물을 우편으로 발송시 대량우편보다 1종(first-class) 혹은 특급우편을 이용한다.

다. 홍보(publicity)는 광고(advertising)와 달리 언론매체의 시간대나 지면을 사는 것이 아니라 언론매체에 사용할 수 있는 기사거리를 제공하는 것이므로 기사내용이나 시간에 대한 통제권한이 없다.

라. DM(Direct Mail : 직접우편물) 발송시 주초나 주말 혹은 휴일 전후보다는 주중에 도착하도록 한다.

34. 의사협회에서 올해 정부의 판매승인을 받은 신약에 대해 관련 의사들에게 교육시간을 마련하고자 한다. 이 행사의 기획자로써 어떤 프로그램 형태를 준비하는 것이 타당한가?

가. 워크샵
나. 심포지엄
다. Buzz 그룹
라. 원탁회의

35. 컨벤션 사후관리에 있어 평가와 관련한 다음 설명 중 맞는 것은?

가. 개방식(open-ended)질문은 폐쇄식(close-ended) 질문에 비해 코딩작업(coding : 부호화)과 분석이 어려워 설문지 마지막에 위치시키되 문항을 최소화시키는 것이 좋다.
나. 설문지 구성에 있어 응답자의 시간이나 문항수의 최소화를 위해 한 문항에 여러 가지 중복질문을 포함하는 것이 많은 정보를 얻는 데 바람직하다.
다. 정성적인 데이터(qualitative data)는 데이터를 해석함에 있어 치우침이 있을 수 있지만 답이 다양하여 데이터 분석에 용이하다.
라. 우편을 이용한 데이터 수집은 비용이 저렴하고 짧은 시간에 높은 회수율을 올릴 수 있어 가장 많이 이용되는 방법 중의 하나이다.

36. 가상 컨퍼런스를 사용하는 일반적인 유형이 아닌 것은?

가. 신상품 발표회
나. 행사장 점검
다. 포커스 그룹
라. Incentive Tour

37. 협회(Association)의 일반적인 회의개최목적과 거리가 먼 것은?

가. 회원들에 대한 다양한 혜택 제공

나. 협회 및 관련 내용에 대한 사회적 인지 획득
다. 협회활동을 위한 재정확보
라. Cricis Meeting을 통한 문제 해결

38. 국제회의산업육성에 관한 법률상의 국제회의시설의 구분에서 전문회의시설 요건으로 맞는 것은?

가. 1,000명 이상의 인원을 수용할 수 있는 대회의실이 있을 것
나. 20명 이상의 인원을 수용할 수 있는 중소회의실이 20실 이상 있을 것
다. 2,500제곱미터 이상의 옥내전시 면적이 있을 것
라. 500실 이상의 숙박시설과 식음료 시설을 갖추고 있을 것

39. 국제행사의 홍보를 위한 Pull Marketing 기법에 해당되는 것은?

가. 표준화된 대량 홍보
나. 고압적 · 일방홍보
다. 인터넷 등을 이용한 쌍방향 · 선행적 홍보
라. 소비자의 욕구를 무시한 내부마케팅

40. 컨벤션비지터뷰로(CVB)에 대한 설명으로 가장 적절하지 못한 것은?

가. 관광객과 컨벤션을 지역사회에 유치하기 위한 비영리 기구
나. 국제회의 준비를 위한 관련단체의 지원과 회의운영 전반에 걸친 지원
다. 국제회의 개최 및 진행에 관한 직접적인 총괄 지휘
라. 잠재 방문객과 지역사회의 산업체간의 중재자로서 활동

2003년도 호텔관광실무론

41. 구매 가격 결정방법의 하나로서, 업자와 전화나 구두로 협상하여 거래하는 것을 말하며, 이 경우 많은 업자가 동일 지역에 밀집해 있는 경우에 사용된다. 신성한 재료 구입과 재료의 손실이 적은 것이 장점인 이 방법은?

가. Informal buying method
나. Semi informal purchase method
다. Formal buying method
라. All food buying method

42. 다음 중 국제관광정책의 수립 시행시 중요한 사항이 하닌 것은?

가. 국제교통노선의 확보
나. 국가보안제도의 강화
다. 관광시장의 개척
라. 출입국 제도의 간소화

43. 호텔 외부에서 구매한 알코올을 반입할 경우 혹은 Corkage Charge 형식으로 호텔에서 적용하는 가격정책(Pricing Method)은?

가. By the hour
나. Hospitality Suites
다. By the drink
라. By the bottle

44. 다음 중에서 정부의 관광진흥정책 수립 시 고려해야 할 사항과 거리가 먼 것은?

가. 외국인 관광객의 유치촉진 및 외국인 관광객에 대한 접대의 향상을 도모하는 일

나. 가족여행, 그 밖의 건전한 국민대중의 관광여행의 발전을 도모하는 일

다. 저개발국가에 대하여 관광개발을 도모하는 일

라. 관광자원의 보호 및 육성·개발을 도모하는 일

45. 다음의 서비스와 이에 대한 설명으로 맞는 것은?

ⓐ English Service – 접객원은 많은 고객을 서브할 수 있으며, 좋은 서비스도 할 수 있다. ⓑ American Service – 고객의 왼쪽에서 오른손으로 서비스한다. ⓒ French Service – 고객 스스로가 요리를 분배하여 식사한다. ⓓ Russian Service – 게리돈 서비스에 비해서 특별한 준비기물이 필요 없다. ⓔ Buffet Service – 다수의 접객원으로 많은 고객을 서비스할 수 있다.

가. ⓐ,ⓒ

나. ⓐ,ⓓ

다. ⓑ,ⓓ

라. ⓑ,ⓔ

46. 식사코스 중에서는 식욕을 증진시키고 칵테일파티에서는 주최자들과 고객들이 자유롭게 이동하면서 연회의 분위기를 조화시킬 수 있는 음식은?

가. Ravioli

나. Hors d'oeuvre

다. Filet

라. Brochette

47. 와인 서비스에 대한 설명으로 틀린 것은?

가. Wine 서빙은 상석의 여성부터 시작하여 모두 따르고 난 후 남성은 남성 주빈부터 시계방향으로 따르도록 한다.

나. 와인을 따를 때 White Wine은 Glass의 $\frac{2}{3}$정도, Red Wine은 Glass의 $\frac{1}{2}$정도 채우는 것이 이상적이다.

다. Wine의 시음은 남성이나 호스트가 하고, 시음의 순서는 미각, 후각, 시작의 순으로 한다.

라. Wine 서브 후 병을 세울 때 병목을 왼쪽으로 자연스럽게 들어 올리면서 세운다.

48. 관광진흥법의 7가지 관광사업 분류로 맞는 것은?

가. 여행업, 관광호텔업, 휴양업, 국제회의업, 카지노업, 유원시설업, 관광편의시설업

나. 여행알선업, 관광호텔업, 통역안내업, 관광휴양업, 토산품판매업, 관광교통업, 관광시설업

다. 여행업, 관광숙박업, 관광이용시설업, 국제회의업, 카지노업, 유원시설업, 관광편의시설업

라. 여행업, 관광숙박업, 관광객이용시설업, 국제회의용역업, 관광편의 시설업, 카지노업, 유원시설업

49. 항공권분실경위서(Account of Lost Ticket)에 기재할 필요가 없는 사항들로만 나열된 것은?

가. 성명, 생년월일, 주소, 전화번호

나. 여권번호, 항공권번호, 구입일자, 구입처

다. 전체여정, 분실구간, 분실일자, 분실장소와 상황

라. 직업, 여행 해당국의 방문횟수, 동반여행자의 수

50. 소믈리에(Sommelier)의 주 역할은 ?

가. 손님영접

나. 음식서브

다. 현금출납

라. 와인추천, 판매 및 서비스

51. 호텔 객실점유율에 관한 설명으로 맞는 것은?

가. 호텔경영 성공을 위한 기본측정으로서 매출액, 인력관리, 영업성과 등과 관련된 주요한 자료이다.
나. 객실에서 확실한 이윤을 창출하는 방법으로 다른 운영부서에 적용할 때 이익을 창출하는 중요한 수단이다.
다. 객실 판매 촉진을 위한 할인 제도이다.
라. 호텔과 거래가 많은 개인, 기업, 여행사들을 위해 시간제한이나 보증금 없이 예약을 받아주는 상호 협약이다.

52. 다음 중 식당의 종류에 있어 음식의 조리과정을 직접 볼 수 있는 카운터 바에 앉아서 주문한 음식을 조리사로부터 직접 서비스 받는 방식의 식당으로 빠른 서비스를 제공하고 음식의 신선함과 식욕을 촉진시킬 수 있는 형태의 식당은?

가. 리후레쉬멘트 스탠드(Refreshment stand)
나. 다이닝 룸(Dining room)
다. 런치 카운터(Lunch counter)
라. 그릴(Grill)

53. 서구식호텔의 효시로 근대적 여관의 발달과 함께 외국인을 대상으로 1888년 인천에 3층 11실로 건립되었던 호텔은?

가. 손탁호텔
나. 스튜어트(steward)호텔
다. 대불호텔
라. 반도호텔

54. 미국은 1872년 3월 1일자로 (①)지역을 세계 최초의 국립공원으로 지정하였다. 한국은 (②)년 (③)을 최초의 국립공원으로 지정한 이래로 2002년 12월까지 (④)개의 국립공원을 지정하였으며, 이중 산악형 국립공원은 (⑤)개이다.

각 ( )안에 들어갈 단어를 올바르게 배열한 것은?

가. ① 브릿지스톤, ② 1970, ③ 한라산, ④ 20, ⑤ 15
나. ① 옐로우스톤, ② 1969, ③ 한라산, ④ 30, ⑤ 22
다. ① 브릿지스톤, ② 1968, ③ 지리산, ④ 30, ⑤ 20
라. ① 옐로우스톤, ② 1967, ③ 지리산, ④ 20, ⑤ 16

55. 다음 중 한 호텔기업이 시장세분화에 의하여 새로운 브랜드를 창출하였을 때 기존의 브랜드에게 나쁜 영향을 미치는 현상을 의미하는 것은?

가. 제살깍기 경쟁(Cannibalization)
나. 다각화(Diversification)
다. 전략적 제휴(Strategic Alliance)
라. 인수합병(Mergers and Acquisitions)

56. 다음 중 2001년 관광수입 (international tourism receipts)이 많은 국가 순으로 나열된 것은? (단. 1999-2001년 세계관광기구(WTO)세계관광통계 기준)

가. 프랑스, 스페인, 이탈리아, 미국, 중국
나. 프랑스, 미국, 중국, 이탈리아, 스페인
다. 미국, 스페인, 프랑스, 이탈리아, 중국
라. 미국, 프랑스, 스페인, 중국, 이탈리아

57. 관광산업체의 특성과 거리가 먼 것은?

가. 서비스지향성
나. 고객과 종업원에 대한 고려
다. 높은 생산성
라. 대규모보다는 중소규모의 사업

58. 다음 중 관광협회의 업무가 아닌 것은?

가. 관광사업의 발전 도모
나. 관광사업진흥에 필요한 조사, 연구 및 홍보
다. 관광통계
라. 관광지선정

58. 메리어트, 홀리데이 인등의 기존 대규모 호텔체인들이 1박에 30달러의 숙박으로부터 200달러 이상의 고급 호텔에 이르기까지 다양한 형태를 스스로 개발하여 모든 시장에 대응하려는 시장전략을 구사하고 있다. 이러한 경영전략은 다음 중 어디에 해당하는가?

가. 풀라인(full line)전략
나. 풀코스(full course)전략
다. 제한된 서비스(limited service)전략
라. 강화된 서비스(up-grade service)전략

59. 다음 중 관광동기와 욕구에 관한 연결이 올바른 것은?

가. 심적인 동기 – 사향심, 교류심
나. 경제적 동기 – 사업목적, 운동욕구
다. 정신적 동기 – 교류심, 견문욕구
라. 신체적 동기 – 사향심, 지식욕구

61. 호텔 객실요금의 결정방법은 내부적 요인과 외부적 요인 등을 고려하여 여러 가지 방법이 있다. 다음의 〈보기〉 설명에 적합한 가격결정방법은?

〈보기〉
비용의 접근을 통하여 객실가격을 거꾸로 접근하는 방법으로 객실당 평균판매가격, 비용의 설정, 요구되는 목표 이익, 예상판매 객실 수 등을 결정하여 시행하는 방법

가. 경쟁적 가격결정방법
나. 건축비 1/1000의 접근법
다. 휴버트(hubbert) 방식
라. 심리적 가격결정방법

62. 호텔투숙객에게 식당예약, 극장 및 스포츠경기 표구매, 교통편 예약 등을 대행해 주고, 지역사회의 문화행사 및 주요관광지에 대한 정보를 제공해 주는 업무를 지닌 호텔 내 직무는?

가. 하우스키퍼(housekeeper)
나. 주문접수자(order taker)
다. 소믈리에(sommelier)
라. 콘시어지(concierge)

63. 결혼 축하연처럼 친한 사람들끼리 모여 축하를 받을 사람을 중심으로 선물을 하는 특정 목적형의 파티는?

가. 샤워 파티(Shower party)
나. 무도회와 댄스파티(Ball and Dance)
다. 포트럭 디너파티(Potluck Dinner Party)
라. 모금 연회 행사(Party for Fund Raising)

64. 호텔 식음료산업의 특징 중 생산관리 측면에서의 특징이 아닌 것은?

가. 수요예측이 곤란하다.
나. 주문생산을 원칙으로 한다.
다. 상품원가에 대한 이익의 폭이 적다.
라. 생산과 판매가 동시에 이루어진다.

65. 하우스 유스(House Use)의 의미는?

가. 호텔의 임직원이 공무로 객실을 사용하는 것
나. 무료로 제공하는 객실
다. 하우스 키핑(House keeping)의 사무실
라. 가족이 공동으로 사용하는 객실

66. 국제 항공 운송 협회(International Air Transport Association)에서 수행하는 업무가 아닌 것은?

가. 국제항공 요금 책정
나. 항공수송력 규제
다. 기내 서비스 기준 제공
라. 항공 운항노선 책정

67. 호텔 현관회계부서의 회계원(front cashier)이 투숙객에게 소액 현금(petty cash)을 빌려주고 회계 처리하는 방법으로 맞는 것은?

가. Allowance Voucher를 사용하여 증빙서류로 남기고 그 금액을 Guest Ledger에 계산한다.
나. Paid-Out Voucher를 사용하여 증빙서류로 남기고 Guest Ledger에 그 금액을 계산한다.
다. Allowance Voucher를 사용하여 증빙서류로 남기고 General Ledger에 그 금액을 계산한다.
라. Paid-Out Voucher를 사용하여 증빙서류로 남기고 General Ledger에 그 금액을 계산한다.

68. 호텔숙박요금제도중, 고객입장에 따른 미국식 요금제도(American plan)에 대한 설명으로 맞는 것은?

가. 한정된 메뉴에 의한 식재료의 대량구매에 따라 원가절감이 가능하다.
나. 선정한 메뉴가 고객의 취향에 맞지 않는 경우 음식이 남는 등의 낭비

요인이 발생한다.

다. 식사를 호텔에서 해결하므로 좋은 분위기에서 식사할 수 있다.

라. 정해진 식사시간으로 충분한 준비 및 정리시간이 생긴다.

69. 다음에 제시된 자료를 이용하여 당일 Walk-in Guest에게 판매가능한 객실수를 계산하였을 때 올바른 것은?

Total Rooms Available : 400
Out of Order : 10
Understay : 5
Overstay(extension) : 9
Reservation : 160
Stayover : 179
House Use : 3
(단, No Show Rate는 10%, Cancellation Rate는 5%로 가정하며, 단위는 Rooms이다.)

가. 66

나. 67

다. 68

라. 69

70. 식당에서 게리동(gueridon)을 이용하여 좌석 사이로 이동하면서 고객 앞에서 조리하여 직접 서비스 하는 방식은?

가. Plate service

나. Tray service

다. French service

라. Silver service

2004년도 컨벤션산업론

1. 다음 중 회의 참가자수에 따라 가장 변동 가능성이 큰 가변비용 항목은?

   가. 회의장, 전시장 임차료
   나. 홍보비(브로셔, 포스터, 광고료)
   다. 사무국 운영비
   라. 리셉션, 연회, 오찬비

2. 컨벤션서비스의 평가내용 중 Matilla James에 의해 소개된 중요도-실행도 분석을 이용한 참가자에 대한 설문평가에서 나타나는 4가지 평가차원과 거리가 먼 것은?

   가. 유지관리차원
   나. 노력집중차원
   다. 과잉노력차원
   라. 핵심역량차원

3. 국제회의도시의 지정을 신청하고자 하는 특별시장・광역시장・시장이 문화관광부장관에게 제출해야 할 서류가 아닌 것은?

   가. 국제회의시설의 보유현황 및 건립계획
   나. 숙박시설・교통시설・교통안내체계 등 국제회의개최와 관련된 편의시설의 현황 및 확충계획
   다. 관광자원의 현황 및 개발계획
   라. 인구현황 및 증감계획

4. 총 고정경비는 25,000,000원이고 참가자 1인당 변동비는 72,000원으로 분석되었다. 그리고 1인당 참가비를 100,000원으로 책정하였다. 컨벤션조직위원회에서는 이번 컨벤션개최를 통하여 3,000,000원의 이익을 창출하고자 한다. 이러한 재정목표를 달성하기 위해서는 최소한 몇 명의 참가자

를 유치하여야 하는가?

가. 900명
나. 950명
다. 1,000명
라. 1,100명

5. 다음 중 컨벤션 개최지의 회의시설 속성이 아닌 것은?

가. 회의장소와의 거리
나. 회의장의 크기
다. 휴게실의 위치
라. 방음시설

6. 도시나 컨벤션 사무국, 개별 회의시설에서 회의기획가들을 무료로 방문하도록 초청하여, 미래 회의를 자신의 시설을 이용하도록 홍보하는 활동을 무엇이라 하는가?

가. 회의 코디네이터
나. 인센티브 투어
다. 팸투어
라. 동선계획

7. 최근 컨벤션과 전시회가 복합적으로 개최되어 여러 가지 긍정적인 효과를 낳고 있는 것으로 조사되고 있으며, 이에 따라 앞으로 이러한 경향은 더욱 확대될 전망이다. 양 산업의 복합화가 나타나는 배경에 대한 설명으로 적합하지 않는 것은?

가. 비용절감을 통한 효율성 제고
나. 마케팅 촉진의 관점
다. IT등 기술발전에 의한 영향
라. 정부차원에서 산업발전을 위한 정책적 유도

8. 컨벤션을 개최함으로 발생되는 효과가 아닌 것은?

가. 컨벤션 참여 회원들의 단합심과 소속감을 고양시킨다.
나. 개최지의 운송, 쇼핑, 숙식 등에 미치는 긍정적인 효과가 크다.
다. 개최지의 지역문화 발전과 도시환경의 개선에 영향을 준다.
라. 회원들 간의 정보제공과 지식교류로 인하여 참가국의 사회에 즉각적인 영향을 끼친다.

9. 장소 선정을 위한 6단계 과정에 포함되지 않는 것은?

가. 회의 목표 인식
나. 물리적 시설 요구 사항 결정
다. 참가자의 관심과 기대 분석 및 정의
라. 조직위원회의 기대 충족

10. 국제회의 기획과 관련해서 목표설정 시 고려사항이 아닌 것은?

가. 구체성(Specific)
나. 측정가능(Measurable)
다. 달성가능(Achievable)
라. 시간제약의 탈피(Untimely)

11. 다음 중 컨벤션 사후처리 및 평가 단계 내용으로 가장 거리가 먼 것은?

가. 행사참가자 대상 설문조사 및 분석
나. 행사수익 및 지출내용 결산
다. 호텔 예약(Blocking) 해제
라. 회의 참가자 대상 감사 편지 발송

12. 컨벤션 기획에 있어 회의목표와 관련한 설명으로 틀린 것은?

가. 회의목적을 설정함에 있어 회의 참가자 시장에 대한 욕구 분석과 회의

개최를 통해 주최측이 무엇을 얻고자 하는가에 대한 이해가 중요하다.

나. 프로그램의 목적은 오랜 역사와 전통이 깊은 조직일수록 역사나 전통이 짧은 조직보다 해들 거듭할수록 큰 변화 없이 비슷하다.

다. 개최지의 매력에 대한 관심은 회의참석이 의무적이고 기업주가 회의관련 비용을 부담하는 기업회의 참가자보다 회의를 자유의사에 의해 참가하고 비용을 부담한 회의 참가자가 더 높다.

라. 회의목표는 실제 참석예상인원 보다 약간 높게 두며, 구체적이기 보다 모든 참가자의 회의참가 목표를 고려해서 광범위한 목표를 세운다.

13. 컨벤션시장은 크게 협회시장과 기업시장으로 구분되는데 다음 중 협회시장의 특성이 아닌 것은?

가. 강제적 참가자가 많다.

나. 매년 개최지가 바뀌는 특성이 있다.

다. 회의는 정기적으로 개최된다.

라. 관광매력지나 리조트가 흔히 개척지로 선택된다.

14. 컨벤션 참가자에게 교부하는 뱃지(badge)의 가장 우선적인 기능은?

가. 회의장 출입자의 안전 및 경호

나. 참가자의 이름 식별

다. 등록된 카테고리를 지정

라. 참가자가 소속한 조직을 식별

15. 다음 중 컨벤션 및 기타 회의와 관련되어 기획 및 실행 등에 관한 교육 및 훈련을 실시하는 기구가 아닌 것은?

가. PCMA

나. ASAE

다. FTA

라. MPI

16. 참가자 유치를 위해 DB(database) 마케팅이 과거의 마케팅보다 나은 이유에 대한 설명으로 가장 거리가 먼 것은?

가. 지속적이고 장기적인 고객관리가 가능하게 되었다.
나. 예상되는 참가자마다 개별적 유치전략을 세우는데 도움이 된다.
다. 고객의 DB를 체계적으로 구축할 수 있게 되었다.
라. 회의기획가가 참가자들에게 획일적이고 일방적인 의사소통의 수단으로서 사용 될 수 있게 되었다.

17. 회의장소내에서 여러 행사장의 방향 및 개최 등을 알리는 표지물(Signage)의 필요성과 거리가 먼 것은?

가. Direction
나. Motivation
다. Simplification
라. Information

18. 회의장에서 사용되는 시각장비 중 컴퓨터를 이용한 발표자료를 투영하며 근래에 가장 많이 사용되는 장비는?

가. Overhead Projector
나. Slide Projector
다. Video Projector
라. LCD Projector

19. 다음과 같은 행사는 어떤 행사장이 적합한가?

"다국적 IT기업의 연례 우수 영업사원 행사를 내년에서 유럽에서 개최할 예정이다. 이 행사의 목적은 우수 영업사원들의 표창과 team building program을 통한 참가자들의 사기를 높이고 유대관계를 돈독히 하여 영업성과를 올리는 것이다.

가. 공항호텔

나. 도심호텔
다. 컨퍼런스 호텔/센터
라. 리조트 행사장

20. 우리나라 국제회의 산업육성에 관한 법률의 국제회의 요건이 아닌 것은?

가. 5개국 이상의 외국인 참가
나. 회의 참가자가 300인 이상이고 그중 외국인이 100인 이상
다. 3일 이상 진행
라. 3개국 이상의 언어사용 및 통역

21. 세계 30개국에서 475개가 넘는 컨벤션뷰로가 가입하고 있으며 이 협회의 목적은 컨벤션전문가 정신과 기술을 함양시키고 컨벤션 산업과 이 협회 소속의 회원들의 이미지와 업무효율성을 향상시키기 위해 1914년에 설립된 협회의 이름은?

가. International Association of Conference Centers
나. International Association of Convention and Visitors Bureau
다. Professional Convention Management Association
라. International Association for Exhibition Management

22. 국제회의종료 후 사후관리 사항에 포함되지 않는 내용은?

가. 결과보고서 작성
나. 행사장 조사 관련 업무 협조
다. 조직위원회 및 사무국 해산
라. 행사 결산보고서 작성

23. 국제회의 유치절차에서 공식 유치신청서(Bidding Documents)를 준비하는 단계에 필요한 내용은?

가. 유관기관(공사, 지자체 정부 등)의 지지 서신

나. 개최능력(예산, 조직) 및 후원 확보 가능성 검토

다. 국제협회의 이사진들에게 지지서신 발송

라. 조직위원회 구성

24. 희망자동차는 컨벤션센터에서의 행사를 위해 많은 자금을 들여서 화려한 스타일의 쇼(이벤트)를 기획하였다. 다음 중에서 위와 같은 화려한 행사를 기획할 수 있는 모임의 형태는 무엇일까?

가. 업무와 관련된 기술적인 모임

나. 경영자 회의

다. 새로운 상품의 출시행사

라. 사원연수 모임

25. 주로 행사장에서 연설자가 연설문 등 자료를 올려놓을 수 있고 보통 마이크 사용을 위한 전기코드와 램프시설까지 겸비한 기구는?

가. Desk

나. Platform

다. Easel

라. Lectern

26. PCO의 부문별 세부업무인 기획용역부문의 주요활동이 아닌 것은?

가. 기본 및 세부 추진계획서 작성

나. 회의장 및 숙박장소 선정

다. 행사 준비 일정표 작성

라. 회의 진행시간표 작성

27. 회의산업에 있어 마케팅믹스(Marketing Mix)의 내용 중 수요자극에 해당하는 것은?

가. 고객의견 청취

나. 개인판촉
다. 서비스계획
라. 인센티브

28. 회의실 설치를 기획할 때 반드시 고려해야 되는 사항으로 가장 거리가 먼 것은?

가. 회의실의 수요능력
나. 회의의 성격이나 프로그램의 유형
다. 회의실내의 A/V시설 유무
라. 참가자의 취향이나 기호

29. 다음 회의시장의 특징 중 틀린 것은?

가. 협회회의(association meeting) 참가자는 기업회의(corporation meeting)에 비해 개인의 참가비용에 매우 민감한 편이다.
나. 기업회의(corporation meeting)는 참가자의 자유의사에 의해 결정되기에 PCO의 홍보와 마케팅에 민감한 편이다.
다. 협회회의는 기업회의에 비해 leading time이 많이 소요되는 경우가 많다.
라. 기업회의는 내부회의와 외부회의로 나누어질 수 있다.

30. 국제회의산업 육성기본계획에 속하지 않는 것은?

가. 국제회의에 필요한 인력의 양성에 관한 사항
나. 국제회의 시설의 설치 및 확충에 관한 사항
다. 국제회의기획업(PCO)의 건전 육성에 관한 사항
라. 국제회의 유치촉진에 관한 사항

31. 참가자(전시참여업체 포함) 유치를 위한 전략으로 맞지 않은 것은?

가. 회의 행사에 참여하는 잠재적 참가자들을 철저히 이해해야 한다.

나. 회의행사에 참여할 수 있는 잠재적 참가자들의 표적시장을 선정한다.

다. 기업회의 참가자들은 자신의 의사에 따라 참여하기 때문에 협회회의보다 더 많은 홍보를 해야 한다.

라. 전시 참여업체를 유도하기 위한 홍보자료의 주 내용은 전시회 참가로 얻을 수 있는 이점을 구체적으로 설명하는 것이다.

32. 기본적으로 행사기획자가 연설자에게 보내는 4가지의 서면통신 중 행사 전에 참석자 숫자 등 행사에 대한 자세한 정보와 스케줄을 보내는 서면은?

가. Confirmation letter

나. Invitation letter

다. Thank you letter

라. Reminder

33. 컨벤션기획자가 계약서를 작성할 때 유의할 사항 중 틀린 것은?

가. 날짜, 객실

나. 광고, 홍보

다, 보안 및 안전, 지적 소유권 문제

라. 계약불이행, 시설 개조 및 건설

34. 컨벤션 개최지 포지셔닝 과정에서 필요 없는 단계는?

가. 경쟁 국제회의 개최지 파악

나. 컨벤션기획사 전문교육 실시

다. 컨벤션기획사 입장에서 개최지 속성 분석

라. 경쟁 국제회의 개최지 속성 분석

35. 컨벤션뷰로(Convention Bureau ; Convention & Visitor Bureau)에 관한 일반적인 설명으로 틀린 것은?

가. 컨벤션뷰로는 컨벤션개최지에 관한 세밀한 정보를 제공할 뿐만 아니라

해당지역을 대표해 컨벤션개최를 유도하고 성공적인 개최를 위한 각종 서비스를 지원하는 조직이다.

나. 컨벤션뷰로가 관주도형일 경우 재정적 지원의 확보, 조직관리 및 인력관리가 용이하지만 창의적 책임경영 마인드가 부족한 면이 있다.

다. 컨벤션프로그램 기획 및 컨벤션 전후 관광프로그램 기획 등의 각종 컨벤션 지원 이벤트를 기획하며 컨벤션 참가자의 숙박예약 업무 지원, 현장등록을 비롯한 서비스를 제공한다.

라. 관광 및 컨벤션 목적지로서 경쟁력을 갖추기 위해 도시의 이미지 개발 및 마케팅역할을 담당한다.

36. 그룹토론이나 식사 등을 위해서는 어떤 형태의 좌석배치가 적절한가?

가. 라운드형 좌석배치
나. 교실형 좌석배치
다. 사각형 좌석배치
라. 극장식 좌석배치

37. 국제협회연합(Union of International Association, UIA)이 정의한 국제회의 기준에 부합되지 않는 것은?

가. 300명 이상의 참가자
나. 5개국 이상의 참가
다. 회의기간 5일 이상
라. 40% 이상의 외국인 참가자

38. 우리나라 국제회의 산업 발전의 기획요인이 아닌 것은?

가. 국제교류 증대
나. 다양한 국제기구 형성
다. 교통기술의 발달
라. 경제블럭화 심화

39. 회의장 배치(Setup)에 관한 설명으로 틀린 것은?

가. 교실형은 원탁(rounds) 배치보다는 좁은 공간에서 대규모 단체를 수용할 수 있고, 연사와 참가자가 마주 볼 수 있어 강연에 집중할 수는 있지만, 참가자들 사이에서는 등을 보고 있는 상태라 상호작용은 제한된다.
나. 원탁(rounds) 혹은 반원형(half-rounds) 배치는 테이블에 동석한 참가자간의 상호대화가 용이하며 식음료 서빙에 편리하나, 회의장 내 전체 참가자간의 상호 작용은 제한된다.
다. V자형 배치는 대규모 단체회의에는 적합하지 않지만, 모든 참가자가 비슷한 거리에서 연사와 함께 할 수 있어 연사와 참가자간의 상호작용 그리고 참가자들간의 상호작용을 용이하게 한다.
라. 극장식(theater) 배치는 읽기나 쓰기를 필요로 하지 않는 대규모 단체의 회의에 적합하며, 메모할 수 있는 받침이 없고, 단체 상호작용이 제한된다.

40. 컨벤션 유치가 경제적 효과를 많이 발생시키는 이유로서 가장 올바른 것은?

가. 한 컨벤션에 참가하는 참가자들의 수가 많고 참가자들에 의한 지출비용이 높다.
나. 컨벤션 산업은 소수의 다른 산업과 연계되어있다.
다. 컨벤션 참가자들은 컨벤션 개최도시에 또는 개최국에서 머무르는 기간이 짧은 편이다.
라. 컨벤션 유치를 위해 정부에서 많은 유치 노력을 해야 하기 때문이다.

2004년도 호텔관광실무론

41. 우리나라의 관광개발기본계획은 몇 년 주기로 수립하는가?

가. 5년
나. 10년

다. 15년
라. 20년

42. 다음 중 주최여행을 올바르게 설명한 것은?

가. 여행업자의 기획에 의해 여정, 여행조건, 여행비를 정하고 불특정 다수에 선전하여 모집하는 여행
나. 여행자 자신이 직접 여정, 여행조건 등을 정해 실시하는 여행
다. 개인, 단체를 불문하고 특정객, 그룹 오거나이저(Group Organizer)의 희망에 따라 여정을 정하고 이에 의거한 여행
라. 여행업자가 그룹 또는 단체와 토론하여 여정 및 여행 조건 등을 정하여 공동으로 집객하는 여행

43. 호텔의 공식적인 요금 무엇이라 부르는가?

가. 태리프(Tariff)
나. 컴프리멘터리(Complimentary)
다. 커머셜 레이트(Commercial rate)
라. 홀드 룸 차지(Hold room charge)

44. 다음 중 여행요금에 포함되는 비용은?

가. 기념품비
나. 초과 수하물 요금
다. 여권수속비용과 사증비
라. 국외 여행인솔자의 여행경비

45. 다음의 객실예약에 관한 설명 중 적합하지 않은 것은?

가. 보장성예약의 경우라도 호텔에서 규정한 약정시간까지 고객이 나타나지 않으면(no-show) 호텔 측은 이를 취소할 수 있으며 이에 대한 책임은 호텔 측이 지지 않는다.

나. 예약은 예약의 시간별로 사전예약과 당일예약으로 구분된다.
다. 투숙하는 투숙자를 위해 타인이 객실료를 지불할 수 있다.
라. 호텔은 초과예약(over booking)을 할 수 있으며 이는 보통 예약가능 객실 수의 5-10%정도가 일반적이다.

46. 1달러의 관광지출 투입이 50센트의 직접소득과 25센트의 간접소득 및 유발소득을 창출한다고 가정하면 계산상 정상적 소득승수는 얼마인가?

가. 0.5달러
나. 0.75달러
다. 1.5달러
라. 2달러

47. 호텔을 도시안의 도시라고 표현될 수 있는 이유로 맞는 것은?

가. 다양하고 복잡한 기능
나. 수요예측의 어려움
다. 인적자본과 물리적 자원의 결합
라. 위치선정의 중요성

48. 1950년대 이후 윌슨(Kemmons Wilson)이 공항과 도로변의 모텔을 중심으로 체인화하여 전세계적으로 대규모 체인망을 형성시킨 호텔은?

가. 홀리데이인(Holiday Inn)
나. 힐튼(Hilton)
다. 하이얏트(Hyatt)
라. 스타틀러(Statler)

49. 다음 내용에 해당하는 식음료 업장의 기물은?

- 사전 준비물을 갖추어 놓는 테이블
- 고객의 테이블에서 약간 떨어진 곳에 설치
- Waiter나 Waitress의 업무를 보다 신속하고 편리하게 해줌
- Silverware, Glassware, Chinaware 등의 기물을 비치
- 테이블을 치울 때도 편리하게 사용

가. Service Trolley

나. Service Station

다. Prime Rib Car

라. Dessert Trolley

50. 호텔 식재료 관리는 일반제조업에서의 재고관리와는 상당한 차이가 있다. 호텔 식재료관리의 특징이 아닌 것은?

가. 저장기간이 비교적 짧다.

나. 변동비보다는 고정비 의존도가 높다.

다. 관리적인 측면에서 관련 부서에 따라 그 목적이 상이하다.

라. 수요를 예측하여 원가의 부담이 적을 때 미리 생산, 보관하여 수요를 창출하고 공급할 수 있는 상품이 제한되어 있다.

51. 다음 중 호텔 식음료 표준원가 관리의 목적과 관계없는 것은?

가. 호텔경영의 경영관리 목적

나. 표준원가를 이용한 의사결정의 목적

다. 노무비 절약의 목적

라. 메뉴품목별 1인분 단위 크기 증가 목적

52. 다음 연회에 필요한 서비스 직원 수는 몇 명인가?

-300명 연회 행사
-20개 라운드 테이블에 10명씩 세팅
-와인 서비스

가. 접객원 15명, 접객조장 1명
나. 접객원 17명, 접객조장 2명
다. 접객원 19명, 접객조장 2명
라. 접객원 21명, 접객조장 1명

53. Room Blocking에 대하여 올바르게 설명한 것은?

가. 청결한 객실환경유지를 위하여 객실을 일정시간동안 비워 두는 것이다.
나. 고객이 도착하기 전에 미리 객실에 꽃배달서비스를 하는 것이다.
다. 고객이 호텔에 도착하기 전에 특정단체에게 한구역의객실을 배정하는 것이다.
라. 객실을 깨끗이 청소하는 것을 말한다.

54. 리오카니발과 뮌헨의 맥주축제 및 에든버러축제와 같이 개최지의 인지도와 매력을 향상시키며, 개최지이미지의 대표성을 지니고 있는 이벤트를 무엇이라 하는가?

가. 메가이벤트
나. 홀마크이벤트
다. 촉진이벤트
라. 상업이벤트

55. 경쟁에 위협과 위기감을 느낀 독립호텔들이 타 지역의 비슷한 수준에 있는 다른 독립호텔들과 상호협력하여 공동선전, 공동판매, 공동마케팅 등의 정보를 공유하는 등 동업자의 경영방식으로 운영되는 호텔은?

가. 임차방식 호텔(leased hotel)
나. 경영계약방식 호텔(management contact hotel)
다. 리퍼럴방식 호텔(referral hotel)
라. 합자에 의한 방식 호텔(joint venture hotel)

56. 컨벤션, 회의, 세미나의 특성을 지닌 여행의 형태로서 관광을 포함시키는 관광여행은?

가. 문화 관광(Cultural Tourism)
나. 레크리에이션 관광(Recreational Tourism)
다. 사업 관광(Business Tourism)
라. 역사적 관광(Historical Tourism)

57. 다음 중 호텔의 경영형태 또는 객실요금표시방법을 기준으로 한 내용이 올바르게 설명한 것은?

가. 미국식 경영방법(The American plan) – 객실료에 2식 또는 3식의 객실요금을 사전에 포함시킨 형태
나. 유럽식 경영방법(The European plan) – 객실요금에 아침식사를 포함시킨 형태
다. 대륙식 경영방법(The Continental plan) – 객실과 식사요금을 분리시킨 형태
라. 혼합식 경영방법(The Dual plan) – 객실요금에 미국식 아침식사만을 포함시킨 형태

58. 다음 중 호텔기업의 가치평가 방식에 포함되지 않는 방법은?

가. 원가접근법
나. 시장접근법
다. 수익접근법
라. 서비스접근법

59. 관광 호텔업의 등급을 결정하는 사유가 아닌 것은?

가. 서비스 및 운영 실태 등의 변동에 따른 등급조정 사유가 발생한 경우
나. 시설의 증, 개축으로 등급조정 사유가 발생한 경우
다. 등급결정을 한 날로부터 1년이 경과한 경우

라. 관광호텔을 신규 등록한 경우

60. 다음 중 호텔 식음료 부서의 조직 중 다이닝 룸 매니저(Dining room manager)에 대한 설명으로 적합한 것은?

가. 개별 식당의 서비스 부서를 총괄하는 책임자이다.
나. 이 직책의 다른 명칭은 리셉셔니스(receptionist)라고 한다.
다. 자신에게 할당된 구역의 하위근무자인 서버 및 버스 퍼슨을 관리하는 일을 담당한다.
라. 주요 업무는 예약업무의 수행이다.

61. 세계 최초의 컴퓨터예약 시스템으로서 예약업무 자동화를 확장시킨 시스템은?

가. Worldspan
나. Galileo
다. Amadeus
라. Sabre

62. Complimentary on room에 대한 올바른 설명은?

가. 객실요금과 식사요금 무료
나. 객실요금 무료, 식사요금 유료
다. 객실요금 유료, 식사요금 무료
라. 객실요금 유료

63. 호텔예약에서 오버부킹비율(Over-booking percentage rate : OPR)을 결정할 때 고려사항이 아닌 것은?

가. 예약된 고객들의 여행목적 유형
나. 전년도 기간의 예약실태
다. 인근 호텔의 예약 상황

라. 보장형 예약제도

64. 관광개발을 효율적으로 수행하기 위한 민간부문의 참여형태를 지방자치단체와의 관계 하에서 여러 가지 형태로 살펴볼 수 있는데 공설민영형에 해당하는 관광개발형태는?

가. 지방자치단체가 건설자금 전부 또는 상당부분을 부담하여 시설을 건설하는 반면 사업경영 · 관리 일체를 전문적인 민간법인, 제3섹터, 공공단체에 위임한다.
나. 제4섹터 방식으로서 관광개발사업을 지방자치단체에서 주도하고 지역주민은 참여시킨다.
다. 비용절감차원과 공공성 정도에 따라 기능 · 노무 등 업무의 일부를 민간에 위탁한다.
라. 특정 민간기업에 특전을 부여하면서 지방자치단체의지도하에 사업을 실시한다.

65. 관광사업 중 일반 여행업의 등록기준상 자본금의 규모로 적합한 것은?

가. 2억 원 이상
나. 2억 5천 만원 이상
다. 3억 원 이상
라. 3억 5천 만원 이상

66. 식사서비스에서 뼈나 껍질이 있는 요리, 과일 등을 서비스할 때 작은 그릇(Bowl)에 물을 담아 레몬조각을 띄어서 제공하는 서비스는?

가. Side Dish Service
나. Finger Bowl Service
다. Plate Service
라. Platter Service

67. 양식당의 테이블 세팅(Table setting) 요령을 바르게 설명한 것은?

가. Service(show) Plate는 각 고객 가슴 앞 식탁 중앙테이블 테두리로부터 20cm이상 떨어지게 놓는다.

나. Dinner Knife는 칼날이 안쪽으로 향하게 하고, 쇼플레이트의 왼쪽에 보기 좋게 놓는다.

다. Bread Plate는 테이블 왼쪽 테두리로부터 3cm정도 떨어진 곳에 놓고, Butter Knife는 빵접시 위 오른쪽 $\frac{1}{4}$정도 부분에 칼날을 왼쪽으로 향하도록 놓는다.

라. Dessert Spoon과 Dessert Fork는 모두 서비스 플레이트 상단에 위치하도록 하고, Dessert Spoon의 손잡이와 Dessert Fork의 손잡이 모두 왼쪽으로 향하도록 놓는다.

68. 호텔 식음료 영업부문에서 고객으로부터 주문 받는 요령이 잘못된 것은?

가. 연회 시 메뉴를 고객에게 제시할 때 주빈 또는 주최자의 왼쪽 고객부터 시계바늘이 도는 방향으로 남자, 여자, Host, Hostess순으로 돌면서 받는다.

나. 요리 주문이 끝나면 와인을 추천하는데, 와인의 전문적인 추천은 소믈리에 또는 와인 웨이터가 한다.

다. 메뉴에 관한 문의 시 손바닥 전체를 위쪽으로 향하도록 하여 메뉴를 지적하면서 설명한다.

라. 육류 또는 계란 주문 시 익히는 정도, 샐러드드레싱 종류 등 고객의 기호에 맞게 선택하도록 반드시 물어본다.

69. 연회예약 접수의 올바른 절차는?

가. 예약의뢰–예약전표–Control Chart Booking–Control Chart 확인–견적서 및 Menu 작성–연회행사 통보서 작성

나. 예약의뢰–Control Chart 확인–예약전표–견적서 및 Menu 작성–연회행사 통보서 작성–Control Chart Booking

다. 예약의뢰–Control Chart 확인–예약전표–Control Chart Booking–견적서 및 Menu 작성–연회행사 통보서 작성

라. 예약의뢰-예약전표-Control Chart 확인-견적서 및 Menu 작성-Control Chart Booking-연회행사 통보서 작성

70. 예약된 고객의 항공기가 연착하여 다음날 도착했을 경우 전일의 방값까지 지불하는 요금은?

가. No-Show Rate
나. Midnight Charge
다. Hold Room Charge
라. Cancellation Charge

2005년도 컨벤션산업론

1. 컨벤션 서비스 품질 평가 요소가 아닌 것은?

가. 참가자 만족도 평가
나. 회의 프로그램의 평가
다. 개최지 시설 및 서비스의 평가
라. 부대행사의 평가

2. 다음 중 개·폐막식에 주로 이용되는 세션은?

가. 집중세션
나. 일반세션
다. 협력세션
라. 동시세션

3. (　)안에 알맞은 것은?

“컨벤션 마케팅 계획의 작성단계에서 시장에 대한 조사분석을 정확하게 작성하기 위해서는 컨벤션 관련 국가의 내외적인 동향과 시장분석, 컨벤션 시설과 내용분석, 경쟁관계 등을 통해서 (　)분석을 실시하게 된다.”

가. 수입과 지출분석

나. 4P's

다. 회의 수

라. SWOT

4. 리셉션 초정장에서 사용되는 용어인 'RSVP'가 의미하는 것은?

가. 참석여부에 대한 회신 부탁

나. 반드시 참석해 줄 것에 대한 부탁

다. 참석복장에 대한 설명

라. 참가자 규모에 대한 설명

5. 컨벤션 마케팅 계획 수립이 필요한 이유로 거리가 가장 먼 것은?

가. 종사원에 대한 미래 지향적 사고 유도

나. 불확실한 미래 예측을 가능하게 함

다. 자신의 최적 활용 및 목표달성

라. 컨벤션 평가보고서 작성

6. 해당 국가 또는 도시로의 유치가 확정되도록 하기 위해서 유치위원회를 중심으로 다양한 유치활동이 이루어진다. 다음 중 유치활동으로 사용되는 방법이 아닌 것은?

가. 국제기구 본부 임원 초청 현지 답사

나. 관련 인사 유치 취지서 및 지지서신 발송

다. 조직위원회 구성 및 예산계획 수립

라. 전차 대회에 참가하여 홍보이벤트 개최

7. 국제회의산업 육성에 관한 법률상의 국제회의 중 국제기구 또는 국제기구에 가입한 기관 또는 법인단체가 개최하는 회의에 있어 그 요건에 해당하지 않는 것은?

가. 당해 회의에 3개국 이상의 외국인이 참가할 것
나. 회의참가자가 300인 이상일 것
다. 참가자 중 외국인이 100인 이상일 것
라. 3일 이상 진행되는 회의일 것

8. 다음 회의(Session) 형태 중 소집단 회의의 일종으로 일정한 조건에 의하어 침가 대상이 제한되어 있는 회의형태는?

가. Plenary Sessions
나. Breakout Sessions
다. Concurrent Sessions
라. Prerequiste Sessions

9. 회의 개최일자 결정시 고려해야 할 사항으로 바른 것은?

가. 학술회의는 가급적 방학기간은 피하는 것이 좋다.
나. 부인 동반자 참가가 많은 경우에는 봄, 가을을 우선적으로 고려한다.
다. 연휴나 기념일을 포함하여 회의기간을 잡아서 일상생활에 지장 없도록 한다.
라. 과거의 개최연혁을 참고로 하여 동일한 날짜에 열릴 수 있도록 한다.

10. 총 고정경비는 25,500,000원이고 참가자 1인당 변동비는 74,500원으로 분석되었다. 그리고 컨벤션조직위원회에서는 1인당 참가비를 100,000원으로 책정하였다. 손익분기점에 도달하기 위해서는 최소한 몇 명의 참가자를 유치하여야 하는가?

가. 900원
나. 950원
다. 1,000원
라. 1,100원

11. 무대 위에 스크린을 배치할 때 다음 중 가장 적절한 배치 방법은?

가. 스크린은 항상 무대 중앙에 오게 배치한다.
나. 스크린 보다는 연사가 중요하므로 스크린은 무대 코너에 배치한다.
다. 연사와 스크린을 함께 무대에 배치할 때 대부분 연사의 오른 편에 스크린을 배치한다.
라. 청중이 스크린을 바라보는 각도는 22도에서 45도가 가장 바람직하다.

12. 국제회의 단계별 홍보계획에 있어서 Preliminary Announcement의 내용으로 적합하지 않은 것은?

가. 회의스케줄
나. 동반자 및 관광프로그램
다. 논제 및 연설자
라. 회의기간

13. 회의실 배치에 관한 설명 중 옳은 것은?

가. 회의실 결정은 가능한 현지답사를 하는 것이 바람직 하지만, 시설공급업체에서 제공하는 도면만으로 결정해도 무방하다.
나. 일반적으로 호텔을 회의실로 이용하는 경우 전체 회원을 위한 행사는 볼룸에서 한다.
다. 전체 회의에서 가장 많이 사용되는 좌석배치인 극장식은 테이블과 의자가 설치된 형태이다.
라. 각 회의실 디자인은 경험이 많은 시설공급업체의 담당자에게 일임하여 좌석, 무대, 기자재 배치를 적당히 하도록 지시한다.

14. 컨벤션 참가자에 대한 CRM(Customer Relationship Management)차원에서 가장 효율적으로 활용할 수 있는 수단은?

가. Brochure 발송
나. Personal Letter 발송
다. Wep-page 운영
라. News Letter 발송

15. 참석자들의 좌석 배열상 어느 특정인에게 상석의 자리를 주기 어려운 경우 또는 국가 간 정상회담이나 기업 간 대표모임 등의 회의를 기획할 경우 이러한 의전 상의 애로사항을 해결하기 위해 사용할 수 있는 회의 유형은?

가. Round Table
나. Hollow Square
다. U-shaped
라. T-shaped

16. 다음 중 국제회의 참가자의 동반자를 위해 회의기간 중 운영되는 관광프로그램은?

가. Pre-tour
나. Post-tour
다. Excursion
라. Spouse Program

17. 세미나의 발표자가 회의 도중에 5분정도의 동영상을 비디오로 보여주기를 희망하며, 파워포인트를 이용하여 만들어진 발표자료를 청중들에게 보여주기를 희망한다. 이 세미나가 진행될 회의장에 비치되어져야 할 기기로 바르게 묶인 것은?

가. OHP - Flip Chart - VTR

나. VTR – LCD Projector – Notebook Computer

다. VTR – Slide Projector – Notebook Computer

라. OHP – Notebook Computer – 실물화상기

18. 회의테이블의 배치 유형별 장·단점에 대한 설명으로 틀린 것은?

가. 교실식(Classroom)은 강연자가 참가자 전원을 마주 대할 수 있고, 다른 배치유형에 비하여 적은 면적에 많은 사람을 수용할 수 있는 장점이 있다.

나. T자형(T–shape)은 소규모 그룹에 좋은 배치유형이지만 참가자간의 상호연결정이 좋지 않은 단점이 있다.

다. 극장식(Theater Style)은 필기 등과 같은 작업이 필요 없는 대규모 그룹을 수용하는데 장점을 지닌 적절한 배치유형이다.

라. 원형(Chairs in a circle)은 비공식적이고 참여형 그룹에게 장점을 지닌 배치유형이다.

19. 국제회의에 참가하려는 잠재참가자들에 대한 분석이 필요한 이유로 타당하지 않은 것은?

가. 참가자들의 지식과 기술에 대한 욕구를 파악하여 회의 주최 측의 목표를 달성한다.

나. 참가자들의 경제적 지위를 파악하여 회의개최지 선정이나 회의시설과 메뉴선정에 도움이 되도록 한다.

다. 참가자들의 연령, 교육수준, 취미 등을 파악하여 회의형식과 의제선정에 도움이 되도록 한다.

라. 참가자들의 참가횟수를 파악하여 참석여부를 미리 예측하는데 도움이 되도록 한다.

20. 회의장에서 발표 시 프로젝트를 스크린 뒤에 설치하고 스크린을 통해 이미지를 투영할 수 있도록 하는 방식의 스크린 종류는?

가. Matt White Screen

나. Glass-Beaded Screen
다. Lenticular Screen
라. Rear Projection Screen

21. 컨벤션 행사에서 발생할 수 있는 위기관리 방법의 설명으로 적합하지 않는 것은?

가. 행사 후 위기관리 프로그램의 평가 및 수정·보완이 이루어져야 한다.
나. 위기사항에 관한 체크리스트를 작성하고 필요한 보험을 확보한다.
다. 위기관리 담당자는 참가자의 특성, 개최시설의 특성을 파악해야 한다.
라. 컨벤션 주최자, 기획가 및 보험업체만이 위기관리 주체자가 된다.

22. 다음 중 구체적인 문제점들을 분석 또는 해결하거나, 어느 특정 분야의 기술이나 지식을 습득하기 위한 집단회의 형식은?

가. 세미나(Seminar)
나. 워크샵(Workshop)
다. 클리닉(Clinic)
라. 콩그레스(Congress)

23. 성공적인 컨벤션 운영을 위한 전략에 대한 설명으로 틀린 것은?

가. 현실적인 예산안의 작성
나. 공급자와 파트너십의 관계에 있음을 명심
다. 기술발전 등 미래의 변화에 대비
라. 스폰서의 이용배제

24. 국제회의에 참가하는 공항 귀빈(VIP) 영접 시 준비사항이 아닌 것은?

가. 의전실 사용허가
나. 공항안내데스크 설치

다. CIQ 임시출입증 발급

라. 의전 주차장 사용허가

25. 000자동차협회에서 판매실적이 높은 직원 1,500명을 대상으로 여러 목적지를 방문하는 인센티브 여행과 고도의 보안성과 참가자의 높은 참석률을 요하는 신상품 교육훈련회의를 동시에 기획하고 있다. 다음 중 개최장소로 가장 적합한 곳은?

가. Commercial Hotel

나. Casino Resort

다. Cruise Ships

라. Convention Center

26. 국제회의기획업체(PCO)가 수행해야 할 세부 업무 중 등록 관련업무가 아닌 것은?

가. 등록 안내요원의 선정 및 교육

나. 회의 등록자의 입·출국 확인

다. 현장 등록장소 선정 및 배치도 작성

라. 참가 등록자의 명단 작성 및 명찰 발급

27. 국제회의 유치, 개최 지원 신청 시 제출해야하는 서류가 아닌 것은?

가. 지원받고자 하는 세부내용 기재 서류

나. 국제회의 유치·개최 계획서

다. 국제회의 유치·개최 실적 서류

라. 국제회의 참가예정자 참가 신청서

28. 컨벤션의 등록업무에 관한 사전 준비(점검)사항이 아닌 것은?

가. 행사에 필요한 관련 기자재들은 이상 없이 작동이 되고 있는가?

나. 등록할 때 대기 시간이 얼마나 길었는가?

다. 안내 표지판이 제대로 설치되어 있는가?
라. 관련 사무용품이 제대로 구비되어 있는가?

29. 다음 중 국제회의 준비 초기단계에 해당하지 않는 것은?

가. 계약체결
나. 기본 프로그램 구성
다. 각종 소요물 제작
라. 예상 참가자 메일링리스트(Mailing list) 작성

30. 컨벤션 개최장소는 유치단계에서 후보지로 선정되었던 장소 중에서 선정을 한다. 그 선정 과정에서 행하는 것이 아닌 것은?

가. 컨벤션 개최장소의 사용예산을 추정한다.
나. 컨벤션 행사에 필요한 회의실과 숙소를 확정한 후 요금을 지불한다.
다. 컨벤션 장소가 갖추어야 할 조건을 리스트로 작성한다.
라. 컨벤션 개최장소를 답사한다.

31. ICCA(국제회의전문협회)의 주요 활동이 아닌 것은?

가. 국제회의관련 정보수집, 평가, 작성 및 배포
나. 국제적인 모임, 전시회 본래의 취지에 대한 이해촉진
다. 관련업계 회원들의 전문교육 계획 및 실시
라. 합동국제회의 개최

32. 국제회의산업 육성에 관한 법령상 전문 회의시설 충족조건이 아닌 것은?

가. 2000인 이상의 인원을 수용할 수 있는 대회의실이 있을 것
나. 30인 이상의 인원을 수용할 수 있는 중소회의실이 10실 이상 있을 것
다. 2천 5백m^2 이상의 옥내 전시면적이 있을 것
라. 300인 이상의 인원을 수용할 수 있는 중회의실이 있을 것

33. 국제회의 개막식에서는 외빈을 초청하는 경우가 많은데 이때 일반적인 의전절차에 따르게 된다. 다음 중 관례상 서열원칙으로 틀린 것은?

가. 지위가 비슷한 경우 여자는 남자보다, 연장자는 연소자보다, 외국인은 내국인보다 상위에 둔다.
나. 여성들 간의 서열은 기혼부인, 미망인 및 미혼자의 순서로 하며, 기혼부인의 서열은 남편의 서열에 따른다.
다. 남편이 국가대표로서 자격을 가지고 있는 경우에는 그 부인에 대해 Lady First 원칙이 적용되지 않는다.
라. 참가자가 2개 이상의 사회적 지위를 가지고 있는 경우 원칙적으로 참가하고 있는 회의와 관계된 직위에 따른다.

34. 국제회의 준비과정에서 예산안 편성 비용 중 고정비용이 아닌 것은?

가. 홍보비
나. 회의장 장치비
다. 관광비
라. 전시장 임차료

35. 컨벤션시설은 전통적 시설과 비전통적 시설로 나누어진다. 그 성격이 다른 하나는?

가. 컨벤션센터
나. 컨벤션호텔
다. 일반호텔
라. 대학

36. 특정한 문제에 대하여 두 사람 이상의 전문가가 서로 다른 각도에서 의견을 발표하고 참석자의 질문에 답하는 형식의 토론회는?

가. 포럼
나. 세미나

다. 워크샵
라. 심포지엄

37. 유치제안서(Bidding Proposal)에 포함하는 내용이 아닌 것은?

가. 정부 측의 지원표명 서신
나. 조직위원회 구성 및 후원단체 소개
다. 주요 참석인사 명단
라. 수입 및 지출예산(계획)안

38. 컨벤션 서비스 관리자(CSM)가 필요한 이유로 가장 적합한 것은?

가. 컨벤션기획가와 유관부서 간의 중재자 역할을 수행하면서, 비효율적인 시간 낭비를 줄여주기 때문이다.
나. 지역내 컨벤션 서비스 관련 업체와의 정보제공을 차단하여 성공적인 행사를 가능하게 하기 때문이다.
다. 컨벤션 전반에 관한 전문 상담요원의 역할을 수행하기 때문이다.
라. 전시장, 무역박람회의 무대장치를 직접 설치하기 때문이다.

39. 다음 중 컨벤션 기획시 숙박시설에 대한 고려사항이 아닌 것은?

가. 숙박시설과 회의장 위치
나. 숙박시설의 가격과 객실의 종류
다. 원격조명 조절장치
라. 보증금 정책과 예치금 요구사항

40. 다음의 국제회의시설에 대한 설명 중 잘못된 것은?

가. 컨벤션센터는 동시에 많은 단체 또는 대규모의 컨벤션을 수용할 수 있도록 설계된 시설로서, 전시공간, 회의시설, 연회시설 및 숙박시설을 갖춘 컨벤션 전용시설이다.
나. 기존의 컨벤션센터보다 주변환경 및 다른 회의와의 차단, 중・소규모

의 회의에 적합한 전문적인 시설과 서비스에 대한 수요가 증가하게 되자 등장하게 된 것이 컨퍼런스센터이다.

다. 컨벤션센터의 건물형태는 단일건물에 모든 시설을 갖춘 다층형(복합형) 그리고 일정 부지내에 회의시설과 전시시설 등이 평면적으로 분리되어 건립된 분동형 등으로 나눌 수 있다.

라. 컨퍼런스센터는 객실과 식음료시설을 갖추고 있다는 점에서 호텔 등의 숙박시설과 유사한 면을 갖고 있기도 하다.

2005년도 호텔관광실무론

41. 호텔 레스토랑 서비스 방법인 러시안서비스(Russian Service)의 특징을 바르게 설명한 것은?

가. 주방에서 음식이 접시에 담아서 제공된다.
나. 일품요리를 제공하는 전문식당에 적합한 서비스이다.
다. 전형적인 연회 서비스이다.
라. 음식을 신속하게 서브할 수 있다.

42. 단독호텔들이 서로 협력하기 위해서 조직한 체인형의 호텔 운영 형태는?

가. 경영계약
나. 프랜차이즈
다. 독립경영
라. 리퍼럴

43. 관광위락가치 평가방법 중 직접적인 설문지 평가방법으로, 이용하지 않은 잠재 관광지에 대한 비이용 가치도 측정할 수 있는 방법은?

가. 여행비용모형(Travel cost method)
나. 가상적 평가방법(Contingent valuation method)

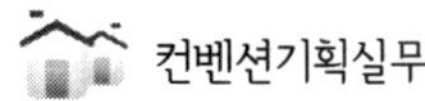

다. 개발투자비용평가방법(Development cost method)
라. 잠재가격 추정법(Implicit price method)

44. 항공운송업의 특성이 아닌 것은?

가. 기술변화에 영향을 받는다.
나. 고도의 성장산업이다.
다. 비정기운송의 급속한 성장
라. 한계적 이윤성이 존재하지 않는다.

45. 항공운임을 산정할 때, 마일리지시스템(Mileage System)의 3대 요소가 아닌 것은?

가. 최대허용거리
나. 발권 구간거리
다. 초과거리할증
라. 비항공 운송구간

46. 프런트 오피스(Front Office)종사원이 객실을 VIP나 단체 고객 그리고 당일에 도착 할 고객의 객실을 미리 배정하는 것은?

가. 룸 블로킹(Room Blocking)
나. 룸 점유(Room Occupied)
다. 룸 판매(Room Sales)
라. 룸 예약(Room Reservation)

47. 다음 중 관광호텔업의 등급결정신청을 할 수 없는 경우는?

가. 호텔을 신규 등록한 경우
나. 호텔의 경영전략상 등급조정이 절실하다고 판단된 경우
다. 등급결정을 받은 날로부터 3년이 경과한 경우

라. 시설의 증·개축 또는 서비스 및 운영실태 등의 변동에 따른 등급조정 사유가 발생한 경우

48. 항공운송상품의 특성에 해당되지 않는 것은?

가. 공익성의 확보
나. 고속성의 발휘
다. 쾌적성의 향상
라. 정시운항 유지

49. 관광사업의 발전단계에서 발전단계, 사업주체, 관광계층의 연결이 맞는 것은?

가. 자연발생적 관광사업 – 기업 – 특권계층
나. 매개서비스적 관광사업 – 국가, 공공단체 – 일반대중
다. 개발조직적 관광사업 – 기업 – 특권계층 및 일부 서민층
라. 창조적 관광사업 – 국가, 공공단체 – 일반대중

50. 관광개발 및 촉진을 통한 국가 경제적 측면에서 볼 때, 긍정적 효과와 거리가 먼 것은?

가. 외화획득 및 수지 균형
나. 기업에 부과되는 세수 감소
다. 고용효과 증대
라. 낙후된 지역경제의 활성화

51. 호텔에 도착한 고객들이 등록을 하고, 객실배정을 받으며 출발시 체크아웃 절차를 밟는 곳은?

가. 룸 서비스(Room Service)
나. 프런트 데스크(Front Desk)
다. 하우스 키핑(House Keeping)

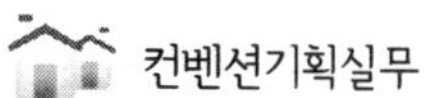

라. 레저베이션(Reservation)

52. A 도시의 상주인구는 1백만 명이다. 이 도시는 매우 매력이 있어 주말인 오늘 A 도시로 관광을 온 숙박 관광자는 40만 명이다. 이 도시의 관광자 비율은?

가. 14.0%
나. 28.6%
다. 32.0%
라. 40.0%

53. 호텔관광산업에서 생산성 차원에 기초를 두고 운영비, 경험효과의 가치를 높이고자 할 때, 구상, 판매 및 광고에 관한 경비를 엄격하게 감시하여 경쟁자보다 저렴한 가격을 강조하는 전략은?

가. 베스트 코스트 전략
나. 코스트 리더십 전략
다. 코스트 차별화 전략
라. 코스트 집중화 전략

54. 다음 중 버틀러(Butler)서비스를 바르게 설명한 것은?

가. 고객의 짐을 일시적으로 보관하는 서비스로 철저한 관리가 요망된다.
나. 고객의 요구에 따라 고장난 방을 바꾸어 주는 서비스이다.
다. 섬세하고 정성스런 호텔서비스로 우리나라는 주로 귀빈층에서 VIP를 상대로 서비스를 한다.
라. 고객의 분실물을 찾아주는 서비스로 호텔고객에게 신뢰감을 주기 위해 필요한 서비스이다.

55. 호텔에서 초과예약을 하는 이유로 옳은 것은?

가. 객실 수를 증대시키기 위해

나. 숙박하고자 하는 고객에 대한 호텔의 객실예약의 신뢰도를 높이기 위해서
다. 예약고객이 나타나지 않을 경우를 대비해 판매객실수를 증대시키기 위해
라. 예약된 고객에게 좀 더 확실하게 하기 위해서

56. 호텔회계의 손익계산서 항목 중에서 매출원가에 해당되는 것은?

가. 객실판매액
나. 식음료수입
다. 식음료재료비
라. 세탁수입

57. 호텔의 대외 홍보를 목적으로 여행사, 기업, 항공사, 국제회의 기획업체 등에 무료로 객실을 제공하는 요금형태는?

가. Discount rate
나. Off season rate
다. Commercial rate
라. Complimentary

58. 고객이 사전에 예약을 하고 정해진 시각에 호텔에 도착 하지 않은 경우 호텔 측에서 취해야 할 행동이 아닌 것은?

가. 먼저 고객이 이미 호텔에 투숙하였는지를 확인한다.
나. 고객이 예약한 날짜가 정확한지를 다시 한 번 점검한다.
다. 당일의 예약카드를 가까운 날짜의 예약카드와 함께 보관한다.
라. 예약보증금을 회계원(Cashier)에게 인계하여 수입 계정으로 분류한다.

59. 관광사업의 프로젝트에 대한 가치평가 방법이 아닌 것은?

가. 회계적 이익률법

나. 수정 순이익법
다. 회수기간법
라. 순현가법

60. 다음 중 호텔사업의 특성과 관계가 없는 것은?

가. 고정자산의 의존성이 높다
나. 시설이 조기노후화 된다.
다. 공급이 비탄력적이다.
라. 신축성이 있다.

61. 예약을 하고 도착한 고객에게 호텔의 사정으로 인하여 이미 만실이 되었기 때문에 객실을 배정하지 못할 경우 고객을 다른 호텔로 안내하는 서비스는?

가. 셀링업(Selling UP) 서비스
나. 발레(Valet) 서비스
다. 턴어웨이(Turn-away) 서비스
라. 턴다운(Turn-down) 서비스

62. 휴양콘도미니엄업의 등록기준 중 잘못 설명된 것은?

가. 객실기준은 동일 단지 안에 객실이 50실 이상이며, 관광객의 취사, 체재 및 숙박에 필요한 설비를 갖추고 있어야 한다.
나. 매점 또는 간이매장이 있을 것이며, 다만 수개의 동으로 단지를 구성할 경우에는 공동으로 설치할 수 있다.
다. 공연장, 전시장, 미술관, 박물관, 수영장, 테니스장, 축구장, 농구장, 기타 관광객의 이용에 적합한 문화체육공간을 1개소 이상 갖추어야 한다.
라. 가족단위 관광객이 이용할 수 있는 취사시설이 객실별로 설치되어 있거나, 각 층별로 공동취사장이 설치되어 있어야 한다.

63. 호텔객실요금에 대한 설명으로 틀린 것은?

가. 미국식 요금제도(American plan)는 객실요금에 조식 · 중식 · 석식의 3식을 포함하는 제도이다.

나. 대륙식 요금제도(Continental plan)는 호텔객실요금에 간단한 아침식사를 포함하는 제도이다.

다. 유럽식 요금제도(European paln)는 호텔객실요금에 조식 · 중식 · 석식 중 1식 요금을 포함하는 제도이다.

라. 복식 요금제도(Dual plan)는 미국식과 유럽식을 혼합하여 채택하는 형태로, 고객이 원하는 대로 선택할 수 있는 제도이다.

64. 연회행사 계약 후 식사 인원 변동사항이 있을 경우 행사 개최 몇 시간 전에 호텔로 통보해야 변경이 가능한가?

가. 12시간 전

나. 24시간 전

다. 48시간 전

라. 60시간 전

65. 여행업자가 가입하거나 예치하고 이를 유지하여야 할 보증 보험 등의 가입금액 또는 영업보조금의 예치금액이 맞는 것은?

가. 기획여행실시의 경우 – 5억원 이상

나. 국내 여행업 – 5천만원 이상

다. 국외 여행업 – 8천만원 이상

라. 일반 여행업 – 1억 5천만원 이상

66. 산업혁명이후 호텔산업에서 나타나는 가장 큰 변화는?

가. 시장의 세분화

나. 고객의 다양화

다. 산업의 정보화

라. 규모의 대형화

67. 다음 중 휴버트방식(Hubbert Formula)을 바르게 설명한 것은?

가. 호텔의 객실료를 산정하는 방법이다.

나. 호텔의 객실점유율을 계산하는 방법이다.

다. 호텔의 간접비를 배부하는 방법이다.

라. 호텔의 연간 총경비를 계산하는 방법이다.

68. 예약한 손님이 예약일 다음날 도착했을 경우 적용하는 요금은?

가. Complimentary

나. Hold room charge

다. Midnight charge

라. Later departure charge

69. 다음 중 일드 매니지먼트(Yield Management)와 관계없는 것은?

가. 1970년대 미국에서 항공사들의 경쟁체제에서 시작된 기법으로 가격할인에 따라 가장 수익적인 좌석판매율을 계산하여 수익적 부분을 모색하는 관리기법이다.

나. 호텔에서 한정된 객실 수를 적절히 할당함으로써 이익을 극대화시키는 것을 의미한다.

다. 현재와 과거의 정보와 통계적 모델을 사용하여 수익과 고객서비스를 동시에 증대하려는 수익증대기법이다.

라. 최근 도입된 인사관리시스템을 말하는 것으로 체인호텔에서 시행되고 있다.

70. 다음 중 호텔 식당 서비스 편성 조직이라고 볼 수 없는 것은?

가. 쉽드링 시스템(Chef de rang system)

나. 헤드 웨이터 시스템(Head waiter system)

다. 스테이션 웨이터 시스템(Station waiter system)

라. 듀티 매니저 시스템(Duty manager system)

2006년도 컨벤션산업론

1. 컨벤션기획사가 컨벤션관련 목적지 및 호텔 선정, 여정수배와 관련하여 수행하는 업무를 잘 못 설명한 것은?

   가. 공급자들과 섭외할 때 후원조직이 가능한 최고의 거래와 후원금에 걸맞은 최고의 가치를 추구한다는 것을 확신시켜야 한다.

   나. 회의장소를 선정하는데 있어서 미팅장소가 충분히 넓은가, 총회나 분과회의에 적합한가, 조명 방음장치는 적절한가를 확인하여야 한다.

   다. 모든 회의에 있어서 필요한 사항은 매번 분위기가 바뀌지 않고 동일하게 일관성을 유지할 수 있어야 한다.

   라. 장소의 접근 용이성과 객실의 양호 여부, 객실가격, 식음료의 질이 레크리에이션 시설이나 이벤트 행사보다 중요하다.

2. 국제회의 산업육성에 관한 법률에서 규정하고 있는 전문회의시설의 요건 중 틀린 것은?

   가. 2,000인 이상을 수용할 수 있는 대회의실

   나. 30인 이상을 수용할 수 있는 중소회의실 10실 이상

   다. 2,000m² 이상의 옥내 전시 면적 확보

   라. 3개 국어 이상의 통역시설

3. 다음 중 PCO의 기능과 역할에 대한 설명으로 틀린 것은?

   가. PCO는 국제회의를 직접적인 경영대상으로 하는 기업이지만 국제회의 산업을 촉진하는 역할을 수행한다.

   나. PCO는 국가의 국제회의 산업 활성화를 촉진하기 위한 정책수립을 직

접 담당한다.

다. PCO는 국제회의 산업의 실무적 집행기능을 수행한다.

라. PCO는 국제기구의 역할을 원활하게 하기 위해 개최지 국제회의 기획업체의 자문역을 담당한다.

4. 컨벤션 개최지 포지셔닝 절차에 해당되지 않는 단계는?

가. 경쟁 국제회의 개최지 파악

나. 컨벤션기획자 전문교육 실시

다. 국제회의 개최지 포지션 결정

라. 경쟁 국제회의 포지션 결정

5. 회의실 좌석 배치방식(Room setup style)중 사람들을 가장 많이 수용할 수 있는 배열 방식은?

가. 교실식 좌석 배열(Classroom Style)

나. 회의식 좌석 배열(Conference Style)

다. 극장식 좌석 배열(Theater Style)

라. 연회식 좌석 배열(Banquet Style)

6. 구체적인 사안이나 연구과제를 다루는 소규모 그룹에만 적용하는 일반적인 회의를 칭하는 것으로 참석자들은 새로운 지식, 기술, 문제에 대한 통찰력을 공유해야 하기 때문에 상호간 훈련이 가장 중시되는 회의 유형은?

가. Clinic

나. Workshop

다. Forum

라. Symposium

7. 다음 중 컨벤션 마케팅의 기능 및 활동이 바르게 연결 된 것은?

가. 사후 마케팅 : 참가자 DB 관리 및 고객 만족도 조사를 실시한다.

나. 회의 참가자 마케팅 : 주로 사전홍보와 광고, 공개입찰 활동에 수반한 제반 마케팅 활동을 한다.

다. 회의 개최지 마케팅 : 회의준비 위원회, 사무국, PCO 등에서 서비스 제공 및 제반 마케팅 활동을 한다.

라. 현장마케팅 : 사전에 개최된 관련 있는 분야의 회의현장에서 참가자 유치를 위한 활동을 한다.

8. 컨벤션기획사는 자신들에게 기회요인으로 작용하고 있는 시장에 대해서 STP 전략을 수립해야 한다. 다음 중 STP 전략의 내용이 아닌 것은?

가. Segmentation

나. Programing

다. Targeting

라. Positioning

9. 컨벤션 마케팅믹스의 4Ps에 대한 설명으로 틀린 것은?

가. Product는 컨벤션 참가자에게 제공되는 각종 인쇄물과 기념품을 의미한다.

나. Place는 컨벤션 개최지와 개최시설, 등록방법 등을 의미한다.

다. Promotion은 참가가능성이 있는 사람들에게 시간과 비용을 들어 참가할 만한 가치가 있는 컨벤션이라는 점을 설득하고 커뮤니케이션을 하는 기술적인 요소 등이다.

라. Price는 컨벤션 등록비 및 기타 경비 등이 포함된다.

10. 협회회의의 개최목적이 아닌 것은?

가. 공통된 관심사를 가진 회원들이 만나 의견교환을 할 수 있다.

나. 협회주최측은 운영재원을 확보할 수 있는 수단이 된다.

다. 협회 홍보와 회원 간에 단합을 가져다준다.

라. 신제품을 소개하고 경영방침을 알리기 위해 열린다.

11. 세계 475개가 넘는 컨벤션뷰로가 가입하여 컨벤션산업의 이미지와 효율성을 향상시키기 위해 설립된 국제기구는?

가. IACC(International Association of Conference)
나. IACVB(International Association of Convention and Visitor Bureaus)
다. AACVB(Asian Association of Convention and Visitor Bureaus)
라. SITE(Society of Incentive and Travel Executives)

12. 컨벤션의 목적별 분류 중 기업회의의 특징이 아닌 것은?

가. 미팅 참가자 수가 적다.
나. 가능한 동일 목적지에서 매년 개최되는 경향이 있다.
다. 전시실의 이용이 많은 편이다.
라. 다른 회의보다 기간이 짧다.

13. 다음 중 컨벤션 기획사가 실시한 협상 내용으로 바람직 한 것은?

가. 식음료 요금에 대한 협상으로 식사를 하지 않는 인원에 대한 부분은 명시하지 않는다.
나. VIP에게 제공하는 무료 객실 수와 객실에 무료로 제공 가능한 서비스에 대해 협상하였다. 행사장 요금에 대한 협상으로 부가서비스 이용없이 무조건 가격 인하를 요청하였다.
다. 행사장 요금에 대한 협상으로 부가서빗 이용 없이 무조건 가격인하를 요청하였다.
라. 리조트 호텔에서 최대한 많은 인원이 이용할 수 있도록 저렴한 주말요금으로 협상하였다.

14. 다음 중 회의 개최주체나 성격상 분류가 아닌 것은?

가. Corporate meeting
나. Government Agency Meeting
다. Association Meeting

라. Congress

15. 컨벤션 사후 평가 및 관리에 관한 설명으로 틀린 것은?

가. 감사편지는 컨벤션기획자의 개인 이름으로 발송하는 것이 바람직하다.
나. 선물은 행사의 기획시부터 미리 충분히 적정 수량을 책정하여야 한다.
다. 참가자 증명서는 행사의 종료와 동시에 발급하는 것이 바람직하다.
라. 컨벤션 운영 담당자는 참가자뿐만 아니라 직원들의 의견도 수렴해야 한다.

16. 컨벤션 홍보용 광고물 제작에 관한 설명으로 틀린 것은?

가. 내년 회의의 장소와 시기 등을 공고할 가장 좋은 시기는 현재 회의가 개최 중 일 때이다.
나. 회의용 홍보물을 우편으로 발송한 경우 대량 우편보다 1종 또는 특급 우편을 이용한다.
다. 홍보는 광고와 달리 언론매체의 시간대나 지면을 사는 것이 아니라 언론매체에 사용할 수 있는 기삿거리를 제공하는 것이므로 기사내용이나 시간에 대한 통제 권한이 없다.
라. DM을 방송하는 경우 주초나 주말 또는 휴일 전후보다는 주중에 도착하도록 한다.

17. 컨벤션 개최를 위한 협상 후 계약 관련 설명으로 잘못된 것은?

가. 컨벤션 개최에 필요한 객실을 확보하기 위해서는 참가예상자와 과거 컨벤션 숙박 자료를 검토하여 필요로 하는 객실의 유형과 수량을 분석하고, 이를 기초로하여 블러킹(Blocking) 계약을 호텔과 체결한다.
나. 계약시 구두와 서면 계약은 모두 법적 효력을 갖기 때문에 신중하게 체결을 해야 한다.
다. 회의장의 경우 계약과 동시에 예치금을 지불하나 사용료는 회의 종료 후 정산하는 것을 원칙으로 한다.
라. 컨벤션 관련 공급업체와의 계약시 쌍방의 법적 권위 있는 대표자에 의

한 서명이 법적 효력을 갖는다.

18. 정부기관이나 조직관련 컨벤션의 특징이 아닌 것은?

가. 비교적 정기적인 컨벤션이 많다.
나. 의전이 중요한 요소이다.
다. 참가대상이 광범위하다.
라. 개최준비기간이 비교적 길다.

19. 다음 행사에서 일어날 수 있는 위기관리 방법으로 적합하지 않는 것은?

가. 의료응급상황을 대비해서 참가자들의 평균나이와 병력 등을 조사해 놓는다.
나. 폭풍 때문에 참가자들이 갇혀 있는 상황이라면 즉흥파티를 연다.
다. 현장위기 관리 기획표를 작성한다.
라. 행사에 반대하는 시위가 있을 때는 상대하지 않는 것이 가장 바람직하다.

20. 컨벤션마케팅 및 홍보에 대한 설명으로 틀린 것은?

가. 협회회의의 경우 주로 DM을 사용하며 일반적으로 최소 3회 이상 예상 참가자에게 발송한다.
나. 강제적 성격의 기업회의인 경우라도 참가자에게 참가의 필요성과 효과를 적극적으로 홍보하여야 한다.
다. 컨벤션마케팅 기획을 수립할 때는 과거의 회의와 예상 참가자들 간의 구전효과를 고려해야 한다.
라. 스폰서를 유치하는 것은 컨벤션마케팅과는 별도로 구분하여 그 전략을 수립하여야 한다.

21. 사전등록의 장점으로 가장 거리가 먼 것은?

가. 주최 측은 행사 규모를 예측하기 쉽다.
나. 행사에 필요한 자금을 미리 확보할 수 있다.

다. 개최 당일의 등록요원의 인원을 줄일 수 있다.
라. 등록비 할인으로 수익평가에 부정적인 영향을 미친다.

22. 후원단체 유치를 위한 마케팅 전략을 수립하는데 있어서 가장 먼저 고려되어야 할 사항은?

가. 과거 후원단체의 후원경력
나. 후원단체의 경영철학
다. 후원단체가 후원을 통해 얻고자 하는 이익
라. 후원단체의 재정상태

23. 국제회의 산업육성에 관한 법령상 국제회의의 종류 및 규모 중 국제기구에 가입하지 아니한 기관 또는 법인, 단체가 개최하는 회의는 어떤 요건을 갖추면 되는가?

가. 회의참가자 중 외국인이 150 이상, 2일 이상 진행되는 회의
나. 회의참가자 중 외국인이 300 이상, 2일 이상 진행되는 회의
다. 회의참가자 중 외국인이 150 이상, 3일 이상 진행되는 회의
라. 회의참가자 중 외국인이 300 이상, 3일 이상 진행되는 회의

24. 국제회의 개최 후 실시하는 회의 참가자나 동반자 관광프로그램을 의미하는 것은?

가. City Tour
나. Pre-Conference Tour
다. FIT Tour
라. Post-Conference Tour

25. 국제회의 행사 현장에서 계획하는 "Floor Plan"의 의미로 맞는 것은?

가. 각 층별로 행사장을 배치한 도면 계획
나. 등록데스크를 중심으로 모든 행사장과 출입구가 표시된 도면계획

다. 참석자 중 귀빈들이 이용하는 전용통로 도면계획

라. 출입구에서 행사장까지 거리 확인 도면계획

26. 컨벤션 참가자 유치에 관한 설명으로 틀린 것은?

가. 과거 참가자에 대한 내용은 무시하고 새로운 참가자들을 중심으로 유치 전략을 수립한다.

나. E-CRM 도입의 예로서 이메일을 효과적으로 사용할 수도 있다.

다. 컨벤션 개최지 및 시설 웹 사이트는 참가자 유치에 도움이 된다.

라. 컨벤션 뷰로의 활동은 참가자 유치에 기여를 한다.

27. 컨벤션 기획의 예산편성 항목이 수입항목과 지출항목으로 올바르게 짝지워진 것은?

가. 등록비와 정부 지원금

나. 홍보비와 인건비

다. 통신비와 초청경비

라. 등록비와 인쇄비

28. 컨벤션기획사 B씨는 사교행사로써 야외 이벤트를 기획하고 있다. 이때 기상 변화 등과 같은 예기치 못한 상황에 대비한 위기관리 요령으로 가장 적절한 대응 자세는?

가. 어차피 행사를 준비하였으면 변경할 수 없으므로 날씨는 신경 쓰지 않는다.

나. 번거롭더라도 대체할 수 있는 실내장소를 준비한다.

다. 날씨가 나쁘면 행사는 일단 취소하는 것이 바람직하다.

라. 날씨가 나쁘더라도 참가를 원하는 참가자만을 대상으로 행사를 진행한다.

29. 국제회의 행사의 홍보를 위한 Pull Marketing 기법에 해당되는 것은?

가. 표준화된 대량홍보

나. 고압적 일방홍보
다. 인터넷 등을 이용한 쌍방향・선행적 홍보
라. 소비자의 욕구를 무시한 내부마케팅

30. 컨벤션산업에서 관계마케팅의 기법 적용에 대한 설명으로 옳은 것은?

가. 마케팅의 목표가 1회적인 거래(Transaction) 관계창출을 위해 성립된다.
나. 고객과의 관계를 파트너십으로 간주한다.
다. 고객관리방식을 불특정 다수를 대상으로 한다.
라. 고객과 제한된 의사소통의 기회를 가진다.

31. 다음은 행사진행을 위한 비용이다. 이 행사는 몇 명의 참가자를 유치해야 손익분기점에 도달하는가?

- 참가자 등록비 : $22
- 회의장 임대료 : $1,000
- 연설료 : $100
- 광고비 : $500
- F&B : 참가자당 $10
- 선물 : 참가자당 $2

가. 320명
나. 80명
다. 240명
라. 160명

32. 다음은 컨벤션산업의 어떤 특성을 설명한 것인가?

종업원들이 동일한 서비스를 제공하여도 참가자는 서로 다른 만족수준을 나타낼 수 있다.

가. 무형성(Intangibility)

나. 비분리성(Inseparability)
다. 이질성(Heterogeneity)
라. 소멸성(Perishability)

33. 다음 중 컨벤션 기획의 개념이 아닌 것은?

가. 컨벤션 기획은 인력, 시설, 예산 등의 투입에 대한 선택 및 의사 결정 과정이다.
나. 컨벤션 기획은 컨벤션이 개최될 일단의 체계적 계획수립 과정이다.
다. 컨벤션 기획은 미래예측이나 불확실한 요소분석보다는 과거 개최기록을 평가하는 과정이다.
라. 컨벤션 기획은 그 과정이 상호 의존적이고 시간적 순서가 체계적 연관성을 가진다.

34. 다음 중 CVB의 활동이 아닌 것은?

가. 컨벤션 유치 활동
나. 컨벤션 참가자를 대상으로 하는 관광가이드 활동
다. 컨벤션 개최자로서 마케팅, 홍보 활동
라. 컨벤션 주최자에게 다양한 컨벤션 관련 정보 제공

35. 일반적으로 국제기구본부와 국내 조직위원회가 업무분담을 하게 될 때 국제기구본부에서 결정해야 하는 사항이 아닌 것은?

가. 회의주제 및 연사 선정
나. 회의 공식 프로그램 선정
다. 공용어 및 통역 결정
라. 부대행사 프로그램 결정

36. 회의 개최시 등록에 관한 설명으로 틀린 것은?

가. 전문적인 Convention Center가 아닌 경우에는 Registration Desk는

없으며, 보통 회의개시 약 1주일 전부터 설치한다.

나. 데스크의 크기는 회의의 규모, 참가 예정자의 수, 데스크에서 수행하는 업무량과 기능에 따라 정해진다.

다. Registration Desk는 보통 대회의장, Hotel의 경우 Grand Ballroom 전면 Lobby에 설치한다.

라. Registration Desk의 기능은 참가자 등록이 주 임무이나 회의와 관련된 문의에 대한 응답과 편의를 제공할 수도 있다.

37. 컨벤션 참가자에 대한 CRM(Customer Relationship Management) 차원에서 가장 효율적으로 활용할 수 있는 수단은?

가. Brochure 발송

나. Personal Letter 발송

다. Web-page 운영

라. News Letter 발송

38. 회의 개최도시를 소개하고 개최시설과 환경을 직접 견학하고 조사할 수 있도록 회의주최자를 회의 전에 개최지로 초청하는 행사는?

가. 익스커션(Excursion)

나. 팸트립(Familiarization Trip)

다. 필드트립(Field Trip)

라. 스터디투어(Study Tour)

39. 순차통역의 장·단점에 관한 설명으로 틀린 것은?

가. 동시통역에 비해 정확성이 떨어진다.

나. 각종 통신설비 설치와 운영에 따른 별도의 비용이 필요없다.

다. 발언자가 다수일 경우에는 통역하는데 지나치게 시간을 잠식당할 수 있다.

라. 대규모 컨벤션이 아닌 리셉션이나 개·폐회식의 인사말에 적당하다.

40. 국제회의 진행용 각종 소도구에 대한 설명으로 맞는 것은?

가. 정부 간 국제회의는 참가자 패찰용 Name Card가 없어도 된다.
나. 참가기념품은 참가자들의 추억이 될 수 있도록 고가품으로 해야 한다.
다. Congress Bag은 자료의 수와 분량을 고려하여 제작해야 한다.
라. 참가자 수하물에 부착하는 Tag는 참가국별로 구분되도록 여러 가지 형태로 제작해야 한다.

2006년도 호텔관광실무론

41. 객실료와 식사요금제도에 대한 설명으로 맞는 것은?

가. American plan – 객실료에 식사요금이 포함되지 않는 것으로 우리나라의 관광호텔에서 적용하고 있는 요금제도이다.
나. European plan – 객실료에 식사요금이 포함되지 않는 것으로 우리나라의 관광호텔에서 적용하고 있는 요금제도이다.
다. Continental plan – 객실료에 아침, 점심 및 저녁의 식사요금이 포함되는 것으로 우리나라의 관광호텔에서 적용하고 있는 요금제도이다.
라. Bermuda plan – 객실료에 아침, 점심 및 저녁의 식사요금이 포함되는 것으로 우리나라의 관광호텔에서 적용하고 있는 요금제도이다.

42. 다음 중 정부의 관광진흥정책 수립시 고려해야 할 사항이 아닌 것은?

가. 외국인 관광객의 유치촉진 및 외국인 관광객에 대한 접대의 향상을 도모하는 일
나. 가족여행, 그 밖의 건전한 국민대중의 관광여행의 발전을 도모하는 일
다. 저개발국가에 대하여 관광개발을 도모하는 일
라. 관광자원의 보호 및 육성·개발을 도모하는 일

43. 관광객 이용시설업의 종류로 옳게 나열한 것은?

가. 전문휴양업, 종합휴양업, 자동차야영장업, 관광유람선업, 관광공연장업, 외국인 전용 관광기념품 판매업

나. 전문휴양업, 종합관광호텔업, 자동차야영장업, 관광유람선업, 관광공연장업, 외국인 전용 관광기기념품업

다. 전문휴양업, 종합휴양업, 자동차야영장업, 관광유람선업, 관광공연장업, 휴양콘도미니엄업

라. 전문휴양업, 종합관광호텔업, 휴양콘도미니엄업, 자동차야영장업, 관광유람선업, 관광공연장업

44. 호텔 외부에서 구매한 알코올을 반입할 경우 또는 Corkage Charge 형식으로 호텔에서 적용하는 가격정책(Pricing Method)은?

가. By the Hour

나. Hospitality Suites

다. By the Drink

라. By the Bottle

45. 호텔 체인 본사가 호텔 소유주에게 체인 브랜드의 사용과 다양한 서비스를 제공해주고 호텔 소유주는 그에 대한 대가로 비용을 지불하며 경영권은 소유주에게 있는 경영형태는?

가. 경영계약(Management Contract)

나. 소유직영(Chain Operation)

다. 임차방식(Leasing)

라. 프랜차이징(Franchising)

46. 호텔 프론트오피스 서비스 근무자의 직무 내용으로 올바른 것은?

가. 벨 어탠던트(Bell Attendant) : 고객의 가방운반, 객실 안내, 세탁물접수 및 배달

나. 도어 어탠던트(Door Attendant) : 주로 현관에 근무하면서 도착한 고객을 환영하며 도착이나 출발시 고객들의 가방처리를 도와주며 현관 앞의 교통통제, 교통편의 제공

다. 운송요원 : 고객의 차량을 대신 주차하여 고객에게 편의성을 제공하고 호텔서비스의 고급스러운 이미지를 강화시켜준다.

라. 컨시어지(Concierge) : 식당의 예약, 극장 및 스포츠 게임표 구매, 교통편 예약

47. 호텔의 재무비율분석 중 활동성 비율을 옳게 설명한 것은?

가. 기업이 소유하고 있는 자산을 얼마나 효율적으로 이용하고 있는가를 나타내는 비율

나. 단기 부채를 갚을 수 있는 단기지급 능력을 평가하기 위한 비율

다. 주주들에 의하여 조달된 자기자본과 채권자들로부터 조달된 타인자본과의 구성비율로 장기 지금능력을 평가하기 위한 비율

라. 기업의 가용자원으로부터 얻을 수익성을 측정하는 비율

48. 다음 중 호텔의 컨벤션 유치를 위한 적극적인 노력으로 적합하지 않은 것은?

가. 다양한 첨단시설의 설치로 보다 다양하고 향상된 회의시설을 제공

나. 컨벤션 전담부서의 설치

다. 회의기획자를 위한 교육프로그램의 운영

라. 보다 많은 회의 참석자를 유도하기 위한 홍보 프로그램의 개발

49. 세계관광기구 중 가장 많은 회원수를 가진 여행업자들의 단체로서 회원 상호간의 이익을 옹호, 촉진하며 협회윤리 규정을 존중하며 불필요한 경쟁을 방지하기 위한 목적으로 1931년에 창설된 기구는?

가. ASTA(American Society of Travel Agents)

나. EATA(East Asia Travel Association)

다. WATA(World Association of Travel Agencies)

라. PATA(Pacific Asia Travel Association)

50. 다음은 무엇에 관한 설명인가.?

음식의 조리과정을 직접 볼 수 있는 카운터 바에 앉아서 주문한 음식을 조리사로부터 직접 서비스를 받는 방식으로 빠른 서비스를 제공하고 음식의 신선함과 식욕을 촉진시킬 수 있는 형태의 식당

가. 리후레쉬멘트 스탠드(Refreshment Stand)

나. 다이닝 룸(Dining Room)

다. 런치 카운터(Lunch Counter)

라. 그릴(Grill)

51. 식사코스 중 식욕을 증진시키고 칵테일 파티에서는 주최자들과 고객들이 자유롭게 이동하면서 연회의 분위기를 조화시킬 수 있는 것은?

가. Ravioli

나. Hors d'oeuvre

다. Filet

라. Brochette

52. 다음 중 객실수입에 지대한 영향을 미치는 요인들은?

가. 위치, 촉진, 가격, 교외, 인사

나. 촉진, 위치, 분위기, 교외, 시설

다. 시설, 서비스, 이미지, 가격, 위치

라. 가격, 교외, 인사, 촉진, 분위기

53. 호텔에서 경영전략상 초과예약(Over Booking)을 실시하는 이유로 올바른 것은?

가. 객실배정을 효율적으로 하기 위해

나. 취소(Cancel)나 노 쇼우(No Show) 발생을 대비하기 위해

다. 객실변경을 대비하여

라. 예약을 확인하기 위하여

54. 다음 연회에 필요한 서비스 직원 수는 몇 명인가?

- 300명 연회 행사 - 20개 라운드 테이블에 10명씩 세팅 - 와인 서비스

가. 접객원 15명, 접객조장 1명

나. 접객원 17명, 접객조장 2명

다. 접객원 19명, 접객조장 2명

라. 접객원 21명, 접객조장 1명

55. 다음 중 객실점유율(Occupancy rate)과 평균객실단가(Average daily rate)를 올바르게 짝지어진 것은?

- 판매가능객실 수 : 500실 - 판매된 객실 수 : 350실 - 객실수입액 : 38,500,000원

가. 객실점유율= 60%, 평균객실단가= 77,000원

나. 객실점유율= 70%, 평균객실단가= 77,000원

다. 객실점유율= 60%, 평균객실단가= 110,000원

라. 객실점유율= 70%, 평균객실단가= 110,000원

56. 다음 중 T.W.O.V(Transit Without Visa)에 대한 설명으로 틀린 것은?

가. 제3국으로 계속 여행할 수 있는 서류를 구비하고 있어야 한다.

나. 출입공항이 동일해야 한다.

다. 외교관계가 수립되어 있지 않은 국가에도 적용된다.

라. 입국하고자 하는 국가로부터 정식 VISA를 받지 않아도 일정기간 체류할 수 있는 제도이다.

57. 관광산업의 특성이 아닌 것은?

가. 유동자산의 비율이 적다.

나. 인적 서비스와 물리적 서비스의 결합

다. 경제적 환경에 영향을 받지 않는다.

라. 다양한 고객으로 구성된다.

58. 다음은 어떤 형태의 호텔에 관한 설명인가?

경쟁에 위협과 위기감을 느낀 독립호텔들이 타 지역의 비슷한 수준에 있는 다른 독립호텔들과 상호 협력하여 공동선전, 공동판매, 공동마케팅 등의 정보를 공유하는 등 동업자의 경영방식으로 운영되는 호텔

가. 임차방식 호텔(Leased Hotel)

나. 경영계약방식 호텔(Management Hotel)

다. 리퍼럴방식 호텔(Referral Hotel)

라. 합자에 의한 방식 호텔(Joint Venture Hotel)

59. 국제관광수입이 $1,000이고, 국제관광선전비가 $300, 면세품구입가격이 $150 이라면 외화가득률은 얼마인가?

가. 45%

나. 55%

다. 70%

라. 85%

60. 체인호텔(Chain Hotel) 경영의 장점이 아닌 것은?

가. 경영상의 독립성을 유지한다.
나. 대량구매를 통해 구매비를 절감한다.
다. 체인호텔간의 예약시스템을 공유한다.
라. 투자자금조달이 용이하다.

61. 호텔 현관회계부서의 회계원(Front Cashier)이 투숙객에게 소액 현금(Petty Cash)을 빌려주고 회계 처리하는 방법으로 맞는 것은?

가. Allowance Voucher를 사용하여 증빙서류로 남기고 그 금액을 Guest Ledger에 계상한다.
나. Paid-Out Voucher를 사용하여 증빙서류로 남기고 그 금액을 Guest Ledger에 게싱한다.
다. Allowance Voucher를 사용하여 증빙서류로 남기고 그 금액을 Guest Ledger에 계상한다.
라. Paid-Out Voucher를 사용하여 증빙서류로 남기고 그 금액을 Guest Ledger에 계상한다.

62. 호텔 Catering 부서가 높은 마진율을 유지하는 이유로 옳지 않은 것은?

가. 일반적으로 메뉴의 선택이 다양하므로 질 높은 식음료 서비스를 통해 판매가 증가한다.
나. 만찬의 경우 가격이 유동적이므로 보다 비싼 가격을 받을 수 있다.
다. 많은 사람을 동시에 서빙하므로 가격원가를 낮출 수 있다.
라. 참석자의 수나 행사의 종류와 메뉴 등이 정해져 있기 때문에 미리 업무를 부담해 인력의 생산성이 높다.

63. A호텔과 (주)B회사 간의 계약을 체결하여 A호텔에 숙박하는 (주)B회사 고객들에게는 20% 객실료를 할인해주는 요금제도는?

가. 계절별 할인 요금(Off Season Rate)

나. 커머셜 요금(Commercial Rate)
다. 단체 할인 요금(Group Discount Rate)
라. 가이드 요금(Guide Rate)

64. 항공권분실경위서(Account of Lost Ticket)에 기재할 필요가 없는 사항으로만 나열된 것은?

가. 성명, 생년월일, 주소, 전화번호
나. 여권번호, 항공권번호, 구입일자, 구입처
다. 전체여정, 분실구간, 분실일자, 분실장소와 상황
라. 직업, 여행 해당국의 방문횟수, 동반 여행자의 수

65. 다음 중 연회행사시 사용되는 Crescent Table의 용도를 바르게 설명한 것은?

가. 소규모 연회, Cocktail Party, 일반연회 등의 용도로 사용할 때
나. 기자회견, 학술발표회, 사원 연수회 등 Classroom Style로 배열할 때
다. Rectangular Table 사용 시 양쪽에 붙이거나 2Line Buffet Table을 배치할 때
라. 코너 또는 Head Table과 연결하거나, Cocktail Reception에서 기둥을 돌릴 때

66. 호텔의 객실, 레스토랑, 기타 부대시설의 서비스를 제공 받고 요금을 지불하지 않고 떠난 손님을 무엇이라고 하는가?

가. 프리컨트 게스트(Frequent Guest)
나. 워크인 게스트(Walk-in Guest)
다. 슬립아웃 게스트(Sleep out Guest)
라. 스키퍼(Skipper)

67. 다음은 무엇에 관한 설명인가?

여행비용과 같은 변동사항을 가급적 빨리 거래처인 해외여행 업자에게 통보하여 편의를 도모하고, 쌍방간에 야기될 수 있는 문제를 사전에 방지하는 동시에 해외 업자와의 연속적인 연락을 취하기 위하여 월 1회 이상 또는 부정기적으로 발행하는 정보지

가. Tour Brochure

나. Confidential Tariff

다. Bulletin

라. Pamphlet

68. 우리나라의 여행자 통관에 관한 설명으로 올바른 것은?

가. 해외교포 및 비거주자가 우리나라에 입국 시 미화 5,000달러 이상의 상당액을 소지하였을 경우 세관검사 공무원에게 반드시 신고하여야 한다.

나. 세금납부 대상자의 경우 통관 편의를 위하여 은행에서 발급한 신용카드를 소지한 사람의 경우 휴대품을 선통관하고 세금은 후 납부할 수 있다.

다. 면세 제한 물품은 취득가격이 20만원 이하라도 면세의 수량을 초과할 경우 과세의 대상이 된다.

라. 입국 시 반입물품 또는 이주물품 중 부득이한 사정으로 다른 항공편이나 선박편을 이용하여 물품을 반송할 때에는 입국한 날로부터 2개월 이내에 도착하는 경우에 한하여 별송품으로 인정받아 통관상의 편의를 받을 수 있다.

69. 당인 Walk-in Guest에게 판매 가능한 객실 수로 올바른 것은?

- Total Rooms Available : 400
- Out of Order : 10
- Understay : 5
- Overstay(Extension) : 9
- Reservation : 160
- Stayover : 179

- House Use : 3
(단, No Show Rate는 10%, Cancellation Rate는 5%로 가정하며, 단위는 Rooms이다.)

가. 66
나. 67
다. 68
라. 69

70. 다음 중 호텔 나이트오디터(Night Auditor)의 업무는?

가. 야간 영업장 관리 및 감독
나. 야간 불편사항 접수
다. 영업장 부문별 당일 매상수입의 정산
라. 객실 초과예약의 처리

2007년도 컨벤션산업론

1. 컨벤션 기획에서 회의목표와 관련된 설명으로 틀린 것은?

가. 회의목적을 설정함에 있어 회의 참가자 시장에 대한 욕구분석과 회의 개최를 통해 주최측이 무엇을 얻고자 하는가에 대한 이해가 중요하다.
나. 프로그램의 목적은 오랜 역사와 전통이 깊은 조직은 역사나 전통이 짧은 조직보다 해를 거듭할수록 큰 변화 없이 비슷하다.
다. 개최지의 매력에 대한 관심은 회의참석이 의무적이고 기업주가 회의관련 비용을 부담하는 기업회의 참가자보다 회의를 자유의사에 의해 참가하고 비용을 부담한 회의 참가자가 더욱 높다.
라. 회의목표는 실제 참석예상인원보다 약간 높게 두며, 구체적이기 보다 모든 참가자의 회의참가 목표를 고려해서 광범위한 목표를 세운다.

2. 등록비가 20만원, 고정비용이 2천만원이고, 1인당 가변비용이 7만5천원인 경우, 손익분기점에 도달하기 위한 참가자수는?

가. 73명

나. 100명

다. 148명

라. 160명

3. 다음은 국제회의 산업육성에 관한 법령상 어떤 국제회의 시설에 관한 설명인가?

- 국제회의의 개최에 필요한 회의실로 활용할 수 있는 호텔연회장, 공연장, 체육관 등의 시설로서 - 600인 이상의 인원을 수용할 수 있는 대회의실이 있을 것 - 30인 이상의 중·소회의실이 3실 이상 있을 것

가. 부대시설

나. 준회의시설

다. 전문회의시설

라. 공공회의시설

4. 제시된 주제에 대하여 서로 상반된 의견을 가지고 있는 2명 또는 그 이상의 연사들이 청중에 대해 의견을 발표하고, 사회자는 요점을 정리하고 회의를 주도하며, 참가자들은 이에 대한 질문과 토론을 개진하는 회의 형태는?

가. 컨퍼런스(Conference)

나. 포럼(Forum)

다. 클리닉(Clinic)

라. 워크숍(Workshop)

5. 다음 중 컨벤션 기획 시 숙박시설에 대한 고려사항이 아닌 것은?

가. 숙박시설과 회의장 위치
나. 숙박시설의 가격과 객실의 종류
다. 원격조명 조절장치
라. 보증금 정책과 예치금 요구사항

6. 컨벤션 홍보용 광고물 제작에 관한 설명으로 틀린 것은?

가. 글자모양이나 색다른 장식용 글자모양은 산만하지 않도록 2~3개 정도 사용하는 것이 효과적이다.
나. 컨벤션 홍보물에는 4가지 정도의 색을 이용하는 것이 참가자의 시선을 집중시키기에 가장 좋다.
다. 우편물 이용 시 우편물의 개봉을 자극할 수 있도록 우편봉투에도 홍보용 메시지를 사용한다.
라. 홍보물의 겉표지는 회의의 목적을 담은 주제, 회의개최날짜와 장소, 참가대상, 참가비 등의 자세한 내용을 수록한다.

7. 다음은 무엇에 관한 설명인가?

1914년에 전문적인 회의 및 컨벤션진행의 홍보를 모토로 지금까지 30여 개국에서 500여 담당부서들이 멤버로 등록되어 있으며, 행사기획자로서 해외 또는 타 지역 행사를 기획할 때, 행사장 선택과 관련된 정보를 받을 수 있는 협회

가. PCMA
나. MPI
다. CIC
라. IACVB

8. 컨벤션기획에 대한 설명으로 틀린 것은?

가. 컨벤션기획은 목표 지향적이어야 하며, 목표를 달성할 수 있는 최적의

수단을 명시하여야 한다.

나. 컨벤션기획은 인력, 시설, 예산 등의 투입에 대한 선택 및 의사결정 과정이다.

다. 컨벤션기획 단계에서 가장 먼저 검토되고 수립되어야 하는 것은 예산이다.

라. 예산수립단계에서는 컨벤션 목표의 실현과 경제적 가치를 조화시킬 수 있도록 해야 한다.

9. 회의테이블의 배치유형별 장·단점에 대한 설명으로 틀린 것은?

가. 교실식(Classroom)은 강연자가 참가자 전원을 마주 대할 수 있고, 다른 배치유형에 비하여 적은 면적에 많은 사람을 수용할 수 있는 장점이 있다.

나. T자형(T-shape)은 소규모 그룹에 좋은 배치유형이지만, 참가자간의 상호연결성이 좋지 않는 단점이 있다.

다. 극장식(Theater style)은 필기 등과 같은 작업이 필요없는 대규모 그룹을 수용하는데 장점을 지닌 적절한 배치유형이다.

라. 원형(Chairs in a Circle)은 비공식적이고 참여형 그룹에게 장점을 지닌 배치유형이다.

10. 다음 중 유치제안서 내용에 포함되지 않는 것은?

가. 주최 기관장 공식유치표명 서신

나. 회의개최를 위한 숙박비, 항공료 등과 관련한 각종 제안

다. 회의장, 숙박지, 교통, 관광정보 등 관련자료

라. 경쟁 상대국과 유치조정 협의서

11. 우리나라 국제회의 산업 발전의 기획요인이 아닌 것은?

가. 국제교류 증대

나. 다양한 국제기구 형성

다. 교통기술의 발달

라. 경제블럭화 심화

12. 컨벤션에서의 DB 마케팅 적용에 관한 설명으로 틀린 것은?

가. 쌍방향 지속적인 상호작용은 고객이 원하는 정보를 제공하고 피드백함으로써 지속적이며 장기적인 고객관리가 가능하게 되었다.
나. 정보통기술의 발달은 고객의 DB를 체계적으로 구축, 가공할 수 있어 고객 개개인의 욕구 등에 맞는 서비스를 제공할 수 있게 되었다.
다. 회의기획자가 참가자들에게 획일적이고 일방적인 의사소통의 수단으로써 사용 할 수 있게 되었다.
라. DB 마케팅의 활용을 통해서 전체적인 컨벤션참가자 유치 전략과 개별적 참가자 유치 전략을 사용할 수 있게 되었다.

13. 컨벤션시설을 전통적 시설과 비전통적 시설로 구분할 경우 그 성격이 다른 것은?

가. 컨벤션센터
나. 컨벤션호텔
다. 일반호텔
라. 대학

14. 다음 비용 항목 중 변동비용에 해당되는 것은?

가. 회의장, 전시장 임차료
나. 사교행사비의 식비
다. 동시통역비 및 번역비
라. 사무국 운영비

15. 국제회의 산업육성에 관한 법령상 국제회의도시의 지정기준이 아닌 것은?

가. 지정대상 도시 안에 국제회의시설이 있고, 당해 특별시·광역시 또

는 시에서 이를 활용한 국제회의 산업육성에 관한 계획을 수립하고 있을 것

나. 지정대상 도시 안에 숙박시설, 교통시설, 교통안내 체계 등 국제회의 참가자를 위한 편의시설이 갖추어져 있을 것

다. 지정대상 도시 안에 컨벤션기획사 등 행사운영인력을 적정하게 보유하고 있을 것

라. 지정대상 도시 또는 그 주변에 풍부한 관광자원이 있을 것

16. 개최지를 결정하기 앞서 반드시 고려해야할 가장 중요한 두 가지 요소는?

가. 회의 목적지의 회의업체와 CVB

나. 회의 목적지의 교통수단과 행사시설

다. 회의 목적지의 호텔 객실 수와 음식의 질

라. 회의 목적지의 지역민의 국제화 수준 및 친절도

17. 컨벤션기획사가 프로그램을 개발함에 있어서 기본적으로 고려해야 할 요소는?

가. 조직위, 참가자, 동반자 목표

나. 참가자, 동반자, 수익목표

다. 조직위, 회의, 참가자 목표

라. 참가자, 회의, 동반자 목표

18. 회의장소 내에서 여러 행사장의 방향 및 개최 등을 알리는 표지물(Signage)의 필요성과 거리가 먼 것은?

가. Direction

나. Motivation

다. Simplification

라. Information

19. 컨벤션행사 연회와 관련하여 초청장을 발부할 시 “참석여부를 알려달라”는 의미로 사용되는 국제공통표현은?

가. RPSV
나. RSVP
다. RVPS
라. SPVR

20. 국제회의 Session 중 모든 등록자를 대상으로 명망 있는 연사가 해당 국제회의의 일반적인 주제를 가지고 청중들에게 메시지를 전달하는 방식은?

가. Plenary Session
나. Concurrent Session
다. Workshop Session
라. Round Table Session

21. 다음은 무엇에 관한 설명인가?

참가자들에게 특정 분야의 기술이나 이론을 습득시키고 교육시키며 문제를 해결하도록 도와주는 소규모의 모임으로 예를 들면, 프로골퍼를 초빙하여 참석자들에게 기술이나 장비선택 등을 알려주고 문제점을 해결시켜주는 형태의 모임

가. 포럼(Forum)
나. 클리닉(Clinic)
다. 워크숍(Workshop)
라. 컨그레스(Congress)

22. 국제회의 산업육성에 관한 법령상 국제기구 또는 국제기구에 가입한 기관 또는 법인·단체가 개최하는 회의가 국제회의로서 갖추어야 할 요건에 해당되지 않는 것은?

가. 당해 회의에 5개국 이상의 외국인이 참가할 것

나. 회의참가자가 300명이상이고 그 중 외국인이 100명 이상일 것
다. 3일 이상 진행되는 회의일 것
라. 방문객이 1박 이상을 상업적 숙박시설을 이용할 것

23. 컨벤션 행사 종료 후 컨벤션 서비스의 평가내용으로 가장 거리가 먼 것은?

가. 프로그램에 대한 평가
나. 회의 개최지의 시설 및 서비스에 대한 평가
다. 연예, 오락, 사교행사, 관광 등 부대행사에 관한 평가
라. 개최시설 현장조사

24. 회의식 배치(Conference Style Setup)의 유형 중 가운데를 비워놓고 테이블을 사각형 모양으로 하여 바깥쪽에만 좌식을 배치하는 유형은?

가. Hollow Square Style
나. T-Shaped Style
다. U-Shaped Style
라. Board of Directors Style

25. CVB 등이 회의 개최지로서 자신의 지역을 알리고자 무료로 혹은 매우 저렴한 비용으로 관련된 업계의 인사 및 여행업자들을 초청하는 여행형태는?

가. Site Inspection
나. Familiarization Trip
다. Incentive Tour
라. Convention Tour

26. 회의 후 참가자를 대상으로 실시하게 되는 평가의 중요영역과 거리가 먼 것은?

가. 회의주제 및 초청연사 등 본 회의프로그램 평가

나. 장소, 시설, 서비스 평가
다. 돌발사태 및 위기관리 평가
라. 오락, 투어 및 Social Program에 관한 평가

27. 다음 중 협회시장의 특징에 해당하지 않는 것은?

가. 관광매력지나 리조트가 흔히 목적지로 선택된다.
나. 보통의 체류기간은 3~5일이다.
다. 전시실 이용이 거의 없다.
라. 주요 컨벤션은 교역전시회를 동반한다.

28. 시설운영자와 행사장 예약 및 협상과정의 설명으로 틀린 것은?

가. 보통 시설들은 행사장 사용료의 일부 또는 전체를 해당 행사의 F&B 규모가 크면 할인해 준다.
나. 호텔행사장 사용료는 그룹의 Pick-up rate에 따라 달라질 수 있다.
다. Release Date는 행사장을 명시되어 있는 기간 후에는 다른 그룹에게 빌려줄 수 있다는 뜻이다.
라. 보통 행사장 사용료 외 의자, 책상 등 가구 사용료는 별도로 책정한다.

29. ICCA(International Congress and Convention Association)의 주요 활동에 해당하는 것은?

가. 정부와 업계간의 중개역할
나. 다른 국제회의 기구와의 유대관계 유지
다. 국제회의 관련 정보수입·평가와 작성 및 배포
라. 국제회의 주최자와 국제회의 산업과의 중개역할

30. 다음은 컨벤션산업의 어떤 특징을 의미하는가?

- 컨벤션서비스 또한 모든 서비스와 마찬가지로 상품의 저장이 불가능하다는 것은 의미한다.
- 구매되지 않은 서비스에 대해서는 차후 사용할 수 없으므로 미래에 수요가 있을지라도 미리 생산하여 재고로 보관할 수 없다.

가. 소멸성
나. 무형성
다. 전문성
라. 비분리성

31. PCO의 마케팅믹스 4P에 관한 설명으로 틀린 것은?

가. Product는 회의에서의 체험 그 자체이다.
나. Place는 개최도시의 입지 및 접근성이다.
다. Price는 참가자에 있어서 중요한 참가결정 요인이 된다.
라. Promotion은 궁극적으로 관련업체들을 위한 설득과 커뮤니케이션이다.

32. 다음 중 9~10월경 미국 시카고에서 해마다 개최되는 세계 최대의 컨벤션 및 인센티브 관광 전문 전시박람회는?

가. AIME
나. EIBTM
다. IT&ME SHOW
라. IT&CMA

33. 좌석배치 형식 중 1인당 면적이 가장 작은 것은?

가. 극장식
나. 교실식
다. 리셉션
라. 연회식

34. 국제회의 종료 즉시 사무국이 조직위원장 등에게 제출하는 결과보고서에 포함해야 할 사항이 아닌 것은?

가. 국별 참가자 신상명세서
나. 수입 및 집행 예산서
다. 회의내용 및 부대행사 결과
라. 조직위원회와 사무국 활동

35. 국제회의시 참가자에게 배포하는 등록가방(Congress kit)의 내용물이 아닌 것은?

가. 명찰
나. 회의스케줄
다. 기념품
라. 여권

36. 등록데스크 운영에 관한 설명으로 옳은 것은?

가. 등록데스크는 참가자가 집중되는 곳이므로 참가자의 통행이 방해되지 않은 곳에 설치한다.
나. 참가자들의 일관성 있는 처리를 위하여 가급적 등록데스크의 수는 적은 것이 좋다.
다. 등록데스크는 일시적으로 인원이 집중되는 경우가 많으므로 대부분 임시고용인이 담당하도록 한다.
라. 등록업무는 대부분 컨벤션 행사 개최 시에 발생하므로 개최 후 2일까지만 운영하여 업무의 낭비를 피한다.

37. 컨벤션마케팅 계획 수립이 필요한 이유가 아닌 것은?

가. 종사원에 대한 미래 지향적 사고 유도
나. 불확실한 미래 예측을 가능하게 함
다. 자산의 최적 활용 및 목표달성

라. 컨벤션 평가보고서 작성

38. 협회회의 참가자 유치를 위한 홍보방법 중 가장 바람직한 것은?

가. 같은 우편물을 지속적으로 발송한다.
나. 목표 대상층을 정해서 이들에게만 집중적으로 홍보물을 발송한다.
다. 다양하고 각기 다른 홍보물을 발송하고 홍보물에 대한 관심을 유도하기 위해서 상품이나 보너스를 제공한다.
라. 주최 측에서 발간하는 다른 인쇄물에 함께 넣어서 발송한다.

39. 컨벤션 서비스 관리자(CSM)가 필요한 이유로 가장 알맞은 것은?

가. 컨벤션기획사와 유관부서 간의 중재자 역할을 수행하면서, 비효율적인 시간 낭비를 줄여주기 때문이다.
나. 지역 내 컨벤션 서비스 관련 업체와의 정보제공을 차단하여 성공적인 행사를 가능하게 하기 때문이다.
다. 컨벤션 전반에 관한 전문 상담요원의 역할을 수행하기 때문이다.
라. 전시장, 무역박람회의 무대장치를 직접 설치하기 때문이다.

40. 컨벤션의 단계별 위기관리 중 행사 전 위기관리 활동의 범주에 해당하지 않는 것은?

가. 위험요소 체크
나. 위기커뮤니케이션 체계수립
다. 위기관리 활동 평가
라. 이해관계자와 협의

2007년도 호텔관광실무론

41. 우리나라 호텔 등급 결정시 평가항목이 아닌 것은?

가. 객실, 현관, 로비, 복도
나. 전기 및 통신
다. 건축 및 설비
라. 당해연도 판매실적

42. 1960년대 후반 미국호텔, 모텔 협회에서 채택한 방법으로 목표이익을 미리 설정하고 이 설정된 목표이익을 달성할 수 있는 객실 매출원가, 기타부문 이익, 영업비 및 자본을 추정하여 평균객실요금을 산출하는 방법은?

가. Horwath Method
나. Howard Method
다. Roy Hubbart Method
라. Ritz Calton Method

43. 다음은 어떤 요금제도에 관한 설명인가?

- 주로 객실요금에 아침, 점심, 저녁 식사요금이 포함
- Full pension이라고도 함
- 휴양지 호텔, 유람선 호텔에서 적용

가. 미국식 요금제도
나. 유럽식 요금제도
다. 대륙식 요금제도
라. 수정식 미국 요금제도

44. 호텔 식음료 영업부문에서 고객으로부터 주문받는 요령이 잘못된 것은?

가. 연회 시 메뉴를 고객에게 제시할 때 주빈 또는 주최자의 왼쪽 고객부터 시계바늘이 도는 방향으로 남자, 여자, Host, Hostess 순으로 돌면서 받는다.

나. 요리 주문이 끝나면 와인을 추천하는데, 와인의 전문적인 추천은 소믈리에 또는 와인 웨이터가 한다.

다. 메뉴에 관한 문의 시 손바닥 전체를 위쪽으로 향하도록 하여 메뉴를 지적하면서 설명한다.

라. 육류 또는 계란 주문 시 익히는 정도, 샐러드드레싱 종류 등 고객의 기호에 맞게 선택하도록 반드시 물어본다.

45. 호텔에서 주로 사용되는 용어에 대한 설명이 틀린 것은?

가. Outside Room : 정원, 호수 등 전문에 장애물 없이 전망이 트인 객실을 의미한다.

나. Sleep-Out : 잠을 자지 않았다고 객실 요금을 지불하지 않고서 몰래 호텔을 빠져나가는 경우를 의미한다.

다. On-Change : 고객이 객실에서 퇴숙(Check-out)하였으나 객실 청소가 완료되지 않은 객실을 의미한다.

라. Inside Call : 전화교환을 통한 호텔 내 전화사용을 의미한다.

46. 다음 중 호텔 식재료 관리의 특징이 아닌 것은?

가. 저장기간이 비교적 짧다.

나. 변동비보다는 고정비에 대한 의존도가 높다.

다. 관리적인 측면에서 관련 부서에 따라 그 목적이 상이하다.

라. 수요를 예측하여 원가의 부담이 적을 때 미리 생산, 보관하여 수요를 창출하고 공급할 수 있는 상품이 제한되어 있다.

47. 객실예약에 관한 설명으로 틀린 것은?

가. 보장성 예약의 경우라도 호텔에서 규정한 약정시간까지 고객이 나타나

지 않으면 호텔 측은 이를 취소할 수 있으며 이에 대한 책임은 호텔 측이 지지 않는다.

나. 예약은 예약의 시간별로 사전예약과 당일예약으로 구분된다.

다. 투숙하는 투숙자를 위해 타인이 객실료를 지불할 수 있다.

라. 호텔은 초과예약(Over Booking)을 할 수 있으며 이는 보통 예약가능 객실 수의 5~10% 정도가 일반적이다.

48. 여행업의 경영특성에 대한 설명 중 틀린 것은?

가. 높은 인적자원의 의존도

나. 생산과 소비의 동시성 때문에 저장이 곤란

다. 계절성으로 인한 수요의 변화

라. 비교적 높은 고정자본 투자

49. 연회행사 계약 후 식사인원 변동사항이 있을 경우 행사 개최 최소 몇 시간 전에 호텔로 통보해야 변경이 가능한가?

가. 12시간

나. 24시간

다. 48시간

라. 60시간

50. 객실이 400인실인 A호텔은 연간 총고정비용 240억원 객실단위당 변동비용이 10,000원, 객실단위당 판매가격은 250,000원이라면 손익분기점에 도달하기 위해서는 몇 실을 판매해야 되는가?

가. 75,000실

나. 80,000실

다. 100,000실

라. 90,000실

51. 다음 중 주최여행을 올바르게 설명한 것은?

가. 여행업자의 기획에 의해 여정, 여행조건, 여행비를 정하고 불특정 다수에 선전하여 모집하는 여행
나. 여행자 자신이 직접 여정, 여행조건 등을 정해 실시하는 여행
다. 개인, 단체를 불문하고 특정객, 그룹 오거나이저(Group Organizer)의 희망에 따라 여정을 정하고 이에 의거한 여행
라. 여행업자가 그룹 또는 단체와 토론하여 여정 및 여행 조건 등을 정하여 공동으로 집객하는 여행

52. 다음 중 호텔경영형태로 가장 거리가 먼 것은?

가. 합병(Joint)방식
나. 임차(Lease)방식
다. 경영위탁(Management Contract)방식
라. 프랜차이즈(Franchise)방식

53. 다음 중 관광 사업의 특성과 거리가 먼 것은?

가. 복합성을 갖고 있다.
나. 입지의존성이 높다
다. 변동성이 심하다.
라. 사교성이 우선이다.

54. 관광 동기와 욕구에 관한 연결이 올바른 것은?

가. 심적인 동기 - 사향심, 교류심
나. 경제적 동기 - 사업목적, 운동욕구
다. 정신적 동기 - 교류심, 견문욕구
라. 신체적 동기 - 사향심, 지식욕구

55. 프렌치 서비스(French Service)에 관한 설명으로 맞는 것은?

가. 고객이 직접 원하는 음식을 가져다가 식사하는 서비스
나. 일반레스토랑에서 가장 널리 이용되며 주방에서 만들어진 음식을 서비스 지원이 고객의 식탁에 직접 제공하는 서비스
다. 고급레스토랑에서 제공되며 고객의 테이블 옆에서 숙련된 종사원이 고객에게 직접 요리를 만들어 제공하거나 생선의 뼈를 발라주는 등의 서비스
라. 주로 연회행사 때 사용되는 격조 높은 서비스방식으로 종사원이 테이블을 돌아거면서 고객에게 적당량을 덜어주는 서비스

56. Table d'hote 서비스의 코스를 바르게 나열한 것은?

가. appetizer – soup – fish – 주요리 – salad – dessert – 음료
나. appetizer – salad – soup – fish – 주요리 – dessert – 음료
다. appetizer – soup – salad – fish – 주요리 – dessert – 음료
라. appetizer – soup – 주요리 – fish – salad – dessert – 음료

57. 관광진흥법상 관광사업의 종류에 해당하지 않는 것은?

가. 카지노 사업
나. 관광편의시설업
다. 모텔업
라. 국제회의업

58. 객실하나에 싱글베드(Single Bed) 2개를 넣어서 두사람이 동시에 숙박할 수 있도록 꾸며놓은 객실의 형태는?

가. 싱글룸(Single Room)
나. 더블룸(Double Room)
다. 트윈룸(Twin Room)
라. 스위트룸(Suite Room)

59. 리오카니발과 뮌헨의 맥주축제 및 에든버러축제와 같이 개최지의 인지도와 매력을 향상시키며, 개최지 이미지의 대표성을 지니고 있는 이벤트는?

가. 메가 이벤트
나. 홀마크 이벤트
다. 축지 이벤트
라. 상업 이벤트

60. Room Blocking에 대한 설명으로 맞는 것은?

가. 청결한 객실환경유지를 위하여 객실을 일정시간 동안 비워두는 것이다.
나. 고객이 도착하기 전에 미리 객실에 꽃배달 서비스를 하는 것이다.
다. 고객이 호텔에 도착하기 전에 특정 단체에서 한 구역의 객실을 배정하는 것이다.
라. 객실을 깨끗이 청소하는 것을 말한다.

61. 다음 중 비(非)알콜성 음료에 해당하는 것은?

가. 키르슈(Kirsh)
나. 깔바도스(Calvados)
다. 꼬냑(Cognac)
라. 진저엘(Ginger ale)

62. 호텔에서 하루 동안 발생된 호텔 전 영업 부문의 회계 및 정산, 감시 등과 밤사이 발생하는 프론트 객실판매 현황과 고객의 계산 및 정확성을 검사하고 일일 호텔 영업 매출 속보를 작성하여 호텔경영정보를 제공하는 전문 야간 영업 회계감사원은?

가. Night Auditor
나. Midnight Auditor
다. Front Office Cashier
라. Room Inspector

63. 미국의 스타틀러(Statler) 호텔의 경영방식을 도입, 대중을 상대로 영업한 당시 한국 최대의 시설규모인 111개를 갖추고 1936년에 개관한 호텔은?

가. 부산철도호텔
나. 반도호텔
다. 대원호텔
라. 조선호텔

64. 투숙한 고객이 단기간 여행을 떠나면서 짐을 객실에 두고 떠나는 경우, 이 때 객실은 고객이 계속해서 사용하는 경우가 되므로 객실료는 고객의 청구서에 봉사료를 포함하여 청구되는 요금은?

가. Over Charge
나. Part Day Charge
다. Hold Room Charge
라. Midnight Charge

65. 두 개의 객실이 서로 나란히 연결되어 있으며 객실내 연결된 문이 있어 객실 내부에서 두 룸 간의 왕래가 가능한 룸은?

가. 어조이닝 룸(Adjoining Room)
나. 커넥팅 룸(Connecting Room)
다. 아웃사이드 룸(Outside Room)
라. 인사이드 룸(Inside Room)

66. 관광진흥법령상 관광객이용시설업에 해당 하지 않는 것은?

가. 전문휴양업
나. 관광유람선업
다. 관광공연장업
라. 관광식당업

67. 다음은 무엇에 관한 설명인가?

'대중관광' 이라는 의미로서, 여행하는 모든 국민은 지위고하, 빈부격차를 불문하고, 비용에 여유가 없는 계층의 사람들에게 여행할 기회를 주려고 하는 취지

가. Family Tourism

나. New Tourism

다. Social Tourism

라. Modern Tourism

68. 500실을 보유하고 있는 특급호텔이 50실은 호텔의 사로 이용하고 있으며, 2006년 평균공표 요금은 객실당 15,000원일 경우, 2006년 80,000실이 판매되었다면 객실 판매율은?

가. 52.4%

나. 48.7%

다. 30.9%

라. 62.4%

69. 안내원이 각 관광지에서의 관광만 안내서비스하고 그 외에는 여행자가 단독으로 여행하는 방식으로 일명 "Local Guide System"이라고 하는 것은?

가. IIT(Inclusive Independent Tour)

나. FIT(Foreign Independent Tour)

다. DIT(Domestic Independent Tour)

라. ICT(Inclusive Independent Tour)

70. 호텔서비스 중 "Paging Service"란 무엇을 의미하는가?

가. 현관에서 등록데스크까지 짐을 운반해주는 서비스이다.

나. 도어맨(Door Man)이 현관에서 고객을 영접하는 서비스이다.

다. 고객의 요청에 따라 다른 고객을 찾아주는 서비스이다.
라. 고객의 짐을 호텔을 이용하는 동안 보관해주는 서비스이다.

2008년도 컨벤션산업론

1. 회의 목적을 확정하기 위한 잠재참가자의 요구분석(Need Analysis)에서 고려하지 않아도 되는 사항은?

가. 참가경비의 부담자
나. 회의 참석의 자발적 여부
다. 회의에서 네트워킹 기회의 중요도
라. 참가자의 성별

2. 다음 중 국제회의산업 육성에 관한 법령상 전문전시시설의 요건으로 옳은 것은?

가. 전체 옥내 전시면적 1500m² 및 30인 이상 수용 가능한 중·소회의실 5실 이상 있을 것
나. 전체 옥내 전시면적 1500m² 및 30인 이상 수용 가능한 중·소회의실 10실 이상 있을 것
다. 전체 옥내 전시면적 2000m² 및 30인 이상 수용 가능한 중·소회의실 5실 이상 있을 것
라. 전체 옥내 전시면적 2000m² 및 30인 이상 수용 가능한 중·소회의실 10실 이상 있을 것

3. 참가자(전시참여업체 포함) 유치를 위한 전략을 틀린 것은?

가. 회의행사에 참여하는 잠재적 참가자들을 철저히 이해해야 한다.
나. 회의행사에 참여할 수 있는 잠재적 참가자들의 표적시장을 선정한다.
다. 기업회의 참가자들은 자신의 의사에 따라 참여하기 때문에 협회회의보

다 더 많은 홍보를 해야 한다.

라. 전시참여업체를 유도하기 위한 홍보자료의 주 내용은 전시회 참가로 얻을 수 있는 이점을 구체적으로 설명하는 것이다.

4. 다음 중 컨벤션 실시단계에서 진행되어야 할 주요 업무는?

가. 회의참가자 등록
나. 컨벤션 단체 분석
다. 감사서신 발송
라. 회의개최 목적 확정

5. 국제회의시 행사 현장에서 계획하는 "Floor Plan"의 의미로 옳은 것은?

가. 각 층별로 행사장을 배치한 도면계획
나. 등록데스크를 중심으로 모든 행사장과 출입구가 표시된 도면계획
다. 참석자중 귀빈들이 이용하는 전용통로 도면계획
라. 출입구에서 행사장까지 거리 확인 도면계획

6. 컨벤션 사후평가방법으로서 가장 적합한 것은?

가. 중요도-실행도 분석 (IP분석)
나. PERT/CPM
다. Gantt Chart
라. 고객 생애가치 산출분석

7. 후원단체 유치를 위한 마케팅 전략 수립시 가장 먼저 고려되어야 할 사항은?

가. 과거 후원단체의 후원 경력
나. 후원 단체의 경영철학
다. 후원 단체가 후원을 통해 얻고자 하는 이익
라. 후원 단체의 재정상태

8. 다음 중 주요 회의개최시장의 성격에 관한 설명으로 틀린 것은?

가. 협회회의 시장이 기업회의 시장보다는 일반적으로 회의 수 및 회의참가자 수가 많은 반면 회의지출비는 적다.
나. 협회회의는 개최지를 정기적으로 순회하면서 정하기 때문에 회의 개최지 결정이 잠재적 참가자의 참가율에 큰 영향을 미치기도 한다.
다. 협회회의 참가는 참가자의 자유의사에 의해 결정되나, 기업회의 참가는 대부분 의무적이기 때문에 회의규모의 예측과 회의 준비가 용이하다.
라. 기업회의 참가의 경우 기업주에 의해 회의비용이 충당되는 반면, 협회회의의 경우 회의참가자의 참가비로 회의비용의 상당부분이 충당이 되는 것이 일반적이다.

9. 유치제안서(Bidding Proposal)에 포함되는 내용이 아닌 것은?

가. 정부측의 지원표명 서신
나. 조직위원회 구성 및 후원단체 소개
다. 주요 참석인사 명단
라. 수입 및 지출예산(계획)안

10. 다음 중 DMC(Destination Marketing Companies)에 대한 설명으로 틀린 것은?

가. 보통 그 지역의 호텔 객실료를 제공한다.
나. 스페셜 이벤트 기획에서부터 교통, 의전 등 행사에 필요한 서비스를 제공한다.
다. PCO의 기능을 제공한다.
라. 그 지역의 CVB와 같은 역할을 한다.

11. 다음 중 개・폐막식에 주로 이용되는 세션은?

가. 집중세션
나. 일반세션

다. 협력세션

라. 동시세션

12. 기본적으로 연설자에게 보내는 4가지의 서면통신 중 행사 전에 참석자 숫자 등 행사에 대한 자세한 정보와 스케줄을 보내는 것은?

가. Confirmation Letter

나. Invitation Letter

다. Thank you Letter

라. Reminder

13. 컨벤션 개최장소 선정과정에서 행하는 것이 아닌 것은?

가. 컨벤션 개최장소의 사용예산을 추정한다.

나. 컨벤션 행사에 필요한 회의실과 숙소를 확정한 후 요금을 지불한다.

다. 컨벤션 장소가 갖추어야 할 조건을 리스트로 작성한다.

라. 컨벤션 개최장소를 답사한다.

14. 다음 중 국제회의시설에 관한 설명으로 틀린 것은?

가. 컨벤션센터는 동시에 많은 단체 또는 대규모의 컨벤션을 수용할 수 있도록 설계된 시설로서, 전시공간, 회의시설, 연회시설 및 숙박시설을 갖춘 컨벤션전용시설이다.

나. 기존의 컨벤션센터보다 주변환경 및 다른 회의와의 차단, 중·소 규모의 회의에 적합한 전문적인 시설과 서비스에 대한 수요가 증가하게 되자 등장하게 된 것이 컨퍼런스 센터이다.

다. 컨벤션센터의 건물형태는 단일건물에 모든 시설을 갖춘 다층형(복합형) 그리고 일정 부지내에 회의시설과 전시시설 등이 평면적으로 분리되어 건립된 분동형 등으로 나눌 수 있다.

라. 컨퍼런스센터는 객실과 식음료 시설을 갖추고 있다는 점에서 호텔 등의 숙박시설과 유사한 면을 갖고 있기도 하다.

15. 국제회의 개최 일급도시(First-tier city)가 갖추어야 할 주요 요건이 아닌 것은?

가. 지역주민의 생활수준
나. 국제공항 및 지상교통체계
다. 대형컨벤션 센터 및 부대시설
라. 풍부한 관광자원 및 여가활동

16. 컨벤션 진행용 각종 소도구에 대한 설명으로 옳은 것은?

가. 정부간 국제회의는 참가자 패찰용 Name Card가 없어도 된다.
나. 참가기념품은 참가자들의 추억이 될 수 있도록 고가품으로 해야 한다.
다. Congress Bag은 자료의 수와 분량을 고려하여 제작해야 한다.
라. 참가자 수하물에 부착하는 Tag는 참가국별로 구분되도록 여러 가지 형태로 제작해야 한다.

17. 일반적으로 스폰서가 스폰서십 제공을 통해 추구하는 편익이 아닌 것은?

가. 다양한 매체를 통한 스폰서명의 노출
나. 표적시장과의 관계유지
다. 직접판매를 위한 판매경로 개척
라. 인적자원의 활용

18. 컨벤션 마케팅믹스의 4P's에 대한 설명으로 틀린 것은?

가. Product는 컨벤션 참가자에게 제공되는 각종 인쇄물과 기념품을 의미한다.
나. Place는 컨벤션 개최지와 개최시설, 등록방법을 의미한다.
다. Promotion은 참가가능성이 있는 사람들에게 시간과 비용을 들여 참가할 만한 가치가 있는 컨벤션이라는 점을 설득하고 커뮤니케이션을 하는 기술적인 요소이다.
라. Price는 컨벤션 등록비 및 기타 경비가 포함된다.

19. PCO의 부문별 세부업무인 기획용역부문의 주요활동으로 틀린 것은?

가. 기본 및 세부 추진계획서 작성
나. 회의장 및 숙박장소 선정
다. 행사 준비 일정표 작성
라. 회의 진행 시간표 작성

20. 컨벤션의 홍보를 위한 Pull Marketing 기법에 해당되는 것은?

가. 표준화된 대량 홍보
나. 고압적·일방 홍보
다. 인터넷 등을 이용한 쌍방향·선행적 홍보
라. 소비자의 욕구를 무시한 내부마케팅

21. 기업회의 개최시기에 대한 결정이 이루어지면 회의기획가가 우선적으로 고려해야 하는 사항과 내용이 잘못 연결된 것은?

가. 비용 – 예산범위 안에서의 가격협상
나. 스텝진 충원 – 충분한 수의 기획직원 확보
다. 장소선정 – 적절한 회의개최도시와 회의시설
라. 참석률 – 전체직원 참석 유도

22. 일반적으로 국제기구 본부에서 결정해야 하는 사항이 아닌 것은?

가. 회의주제 및 연사 선정
나. 회의 공식 프로그램 선정
다. 공용어 및 통역 결정
라. 부대행사 프로그램 결정

23. 순차통역의 장·단점에 관한 설명으로 틀린 것은?

가. 동시통역에 비해 정확성이 떨어진다.

나. 각종 통신설비 설치와 운영에 따른 별도의 비용이 필요 없다.
다. 발언자가 다수일 경우에는 통역하는데 지나치게 시간을 잠식당할 수 있다.
라. 대규모 컨벤션이 아닌 리셉션이나 개·폐회식의 인사말에 적당하다.

24. 컨벤션 기획의 예산편성 항목이 수입항목과 지출항목으로 옳게 짝지어진 것은?

가. 등록비와 정부지원금
나. 홍보비와 인건비
다. 통신비와 초청경비
라. 등록비와 인쇄비

25. 국제출판협회 컨벤션의 매출액과 지출비용은 각각 $1,200,000과 $800,000이다. 이 행사의 투자수익률은?

가. 45%
나. 50%
다. 55%
라. 60%

26. 컨벤션에 연계된 전시회가 개최될 경우 컨벤션기획사가 전시회 참가업체들을 위해 노력해야 할 사항이 아닌 것은?

가. 전시장의 위치를 회의장에서 쉽게 접근할 수 있는 곳으로 선정해 둔다.
나. 회의기간 동안 회의참가자들이 전시회를 관람할 수 있도록 충분한 시간이 배려되도록 한다.
다. 회의참가자들의 전시회 관람을 촉진하는 노력을 기울여야 한다.
라. 일반인들도 전시회 관람이 가능하도록 적극적인 촉진활동을 펼쳐야 한다.

27. 다음 중 컨벤션 뷰로의 업무가 아닌 것은?

가. 컨벤션시설이나 숙박시설에 관한 정보제공

나. 상설 컨벤션 단체나 국제회의 관련 단체에 관한 조사

다. 컨벤션 유치지원

라. 컨벤션의 기획, 운영, 평가를 총괄 실시

28. 다음 중 회의 참가자 수에 따라 변동 가능성이 가장 큰 가변비용 항목은?

가. 회의장, 전시장 임차료

나. 홍보료(브로셔, 포스터, 광고료)

다. 사무국 운영비

라. 리셉션, 연회, 오찬비

29. 다음 중 컨벤션 마케팅 계획 수립의 필요성이 아닌 것은?

가. 컨벤션 유치 및 개최과정에서 발생할 수 있는 제반사항에 대한 시스템적인 접근을 가능하게 한다.

나. 기존고객은 대상에서 제외되고 신규고객만을 대상으로 하여 단시간에 마케팅 노력의 성과를 달성하게 한다.

다. 마케팅과 판촉의 결과를 평가할 수 있는 자료원 역할을 하게 된다.

라. 마케팅부서의 행사 유치 목표 달성을 위한 책임부여와 함께 유관부서와의 협조 및 통합을 가능하게 한다.

30. 컨벤션을 서비스산업으로 인식할 때, 다음 중 서비스산업으로서 마케팅의 특성이 아닌 것은?

가. 무형성(Intangibility)

나. 분리성(Separability)

다. 이질성(Heterogeneity)

라. 소멸가능성(Perishability)

31. 다음 중 컨벤션 마케팅 및 홍보에 관한 설명으로 틀린 것은?

가. 협회회의의 경우 주로 DM을 사용하며 일반적으로 최소 3회 이상 예상 참가자에게 발송한다.

나. 강제적 성격의 기업회의인 경우라도 참가자에게 참가의 필요성과 효과를 적극적으로 홍보하여야 한다.

다. 컨벤션마케팅 기획을 수립할 때는 과거의 회의와 예상참가자들 간의 구전효과를 고려해야 한다.

라. 스폰서를 유치하는 것은 컨벤션마케팅과는 별도로 구분하여 그 전략을 수립하여야 한다.

32. 다음 중 구체적인 문제점들을 분석 또는 해결하거나, 어느 특정 분야의 기술이나 지식을 습득하기 위한 집단회의 형식은?

가. 강연(Speech)

나. 패널(Panel)

다. 클리닉(Clinic)

라. 컨그레스(Congress)

33. 총 고정경비는 25,500,000원이고 참가자 1인당 변동비는 74,500원으로 분석되었다. 그리고 컨벤션조직위원회에서는 1인당 참가비를 100,000원으로 책정하였다. 손익분기점에 도달하기 위해서는 최소한 몇 명의 참가자를 유치하여야 하는가?

가. 900명

나. 950명

다. 1000명

라. 1100명

34. 행사프로그램 중 상당한 공을 들여 기획되며, 일반적으로 회의 종료 전날 저녁에 개최되고, 저녁식사와 함께 연회형태로 제공되는 엔터테인먼트 프로그램은?

가. 환영 리셉션(Welcome Reception)
나. 사교파티(Social Party)
다. 럭키드로우(Lucky Draw)
라. 갈라디너(Gala Dinner)

35. 일반적으로 컨벤션 기획사의 업무에 적합하지 않은 것은?

가. 회의목적과 계획수립
나. 회의시설의 교섭
다. 컨벤션센터의 운영・자문
라. 프로그램 기획

36. 국제회의산업의 발상지인 유럽중심의 범세계적인 종합국제기구로 1964년 설립되었으며, 네덜란드 암스테르담에 본부를 두고 컨벤션 및 전시・박람회를 합법적인 수단과 방법으로 발전시키는데 기여함을 목적으로 설립된 것은?

가. AACVB
나. IACVB
다. ICCA
라. UIA

37. 컨벤션 개최기간 중 홍보활동으로 틀린 것은?

가. 언론기관을 중심으로 홍보한다.
나. 회의 결과를 관계기관에 배포한다.
다. 보도자료를 지속적으로 발간한다.
라. 정기적으로 기자회견을 가진다.

38. 다음 중 컨벤션 목표 설정 시 고려하지 않아도 되는 사항은?

가. 구체적일 것
나. 측정 가능할 것
다. 달성 가능할 것
라. 역동적이고 혁신적일 것

39. 참가자 회의 등록에 있어 사전등록의 장점이 아닌 것은?

가. 다양한 국적의 참가자 구성
나. 현금흐름의 개선
다. 홍보지침의 변경·제시
라. 회의준비의 융통성 부여

40. A기업은 우수영업 사원의 표창 및 Team building program을 통해 사원의 사기를 진작시키기 위한 행사를 계획하고 있다. 어떤 행사장이 적합한가?

가. 리조트 행사장
나. 도심호텔
다. 컨퍼런스 호텔/센터
라. 공항호텔

2008년도 호텔관광실무론

41. 항공권의 예약상황을 표시하는 약어 중 대기상태를 뜻하는 것은?

가. OK
나. RQ
다. RT
라. CH

42. 관광산업의 경제적 효과에 해당되지 않는 것은?

가. 국제 수지효과
나. 여가생활 증대효과
다. 조세수입 증가효과
라. 고용 창출효과

43. 다음 중 호텔 객실점유율에 관한 설명으로 옳은 것은?

가. 호텔경영 성공을 위한 기본측정으로서 매출액, 인력관리, 영업성과 등과 관련된 주요한 자료이다.
나. 객실에서 확실한 이윤을 창출하는 방법으로 다른 운영 부서에 적용할 때 이익을 창출하는 중요한 수단이다.
다. 객실 판매 촉진을 위한 할인 제도이다.
라. 호텔과 거래가 많은 개인, 기업, 여행사들을 위해 시간제한이나 보증금 없이 예약을 받아주는 상호 협약이다.

44. 예약고객의 No-show와 Cancellation의 차이는?

가. 지불 여부
나. 취소 여부
다. 만족 여부
라. 투숙 여부

45. 매리어트, 홀리데이 인 등의 기존 대규모 호텔체인들은 1박에 30달러의 숙박으로부터 200달러 이상의 고급 호텔에 이르기까지 다양한 형태를 개발하여 모든 시장에 대응하려는 시장전략을 구사하고 있다. 이러한 전략을 무엇이라고 하는가?

가. 풀 라인(Full line)전략
나. 풀 코스(Full course)전략
다. 제한된 서비스(Limited service)전략
라. 강화된 서비스(Up-grade service)전략

46. 다음 중 TWOV(Transit Without Visa)에 대한 설명으로 틀린 것은?

가. 제3국으로 계속 여행할 수 있는 서류를 구비하고 있어야 한다.
나. 출입공항이 동일해야 한다.
다. 외교관계가 수립되어 있지 않은 국가에도 적용된다.
라. 입국하고자 하는 국가로부터 정식 Visa를 받지 않아도 일정기간 체류할 수 있는 제도이다.

47. 국제관광수입이 $1,000이고, 국제관광선전비가 $300, 면세품구입가격이 $150이라면 외화가득률은?

가. 45%
나. 55%
다. 70%
라. 85%

48. 단독호텔들이 서로 협력하기 위해 조직한 체인형 호텔 운영 형태는?

가. 경영계약
나. 프랜차이즈
다. 독립경영
라. 리퍼럴

49. 19C 초 유럽에서 건설된 최초의 근대식 호텔은?

가. 바디쉬 호프(Badische Hof)
나. 루브르 호텔(Hotel de Louvre)
다. 그랜드 호텔(Le Grand Hotel)
라. 카이제르 호프(Kaiser Hof)

50. 여행업자가 가입하거나 예치하고 이를 유지하여야 할 보증보험 등의 가입금액 또는 영업보조금의 예치금액이 맞는 것은?

가. 국내 여행업 – 2천만원 이상
나. 국외 여행업 – 5천만원 이상
다. 일반 여행업 – 1억원 이상
라. 기획여행실시의 경우 – 9억원 이상

51. 다음 중 객실형태에 따른 호텔의 공표요금은?

가. Tariff
나. Complimentary
다. Commercial rate
라. Hold room charge

52. 다음은 무엇에 관한 설명인가?

구매가격 결정방법의 하나로서, 업자와 전화나 구두로 협상하여 거래하는 것을 말하며, 이 경우 많은 업자가 동일지역에 밀집해 있는 경우에 사용된다. 신선한 재료구입과 재료의 손실이 적은 것이 장점이다.

가. Informal buying method
나. Semi informal purchase method
다. Formal buying method
라. All food buying method

53. 다음 중 양식당의 테이블과 의자에 관한 설명으로 옳은 것은?

가. 2인용 정사각형 테이블의 가로・세로는 50~60cm이며, 높이는 90~100cm이다.
나. 4인용 정사각형 테이블은 가로 150cm, 세로 200cm이며, 높이는 72~75cm이다.

다. 4인용 정사각형의 테이블일 경우 가로・세로가 각 85~90cm이며, 높이는 72~75cm이다.

라. 의자의 높이는 50cm이며, 앉는 부분의 넓이는 60 x 60cm이다.

54. 다음 중 서비스 종류와 그에 대한 설명으로 옳은 것만 고른 것은?

ⓐ English Service - 접객원은 많은 고객을 서브할 수 있으며, 좋은 서비스도 제공할 수 있다. ⓓ American Service - 고객의 회전이 느린 식당에 적합하다. ⓒ French Service - 고객 스스로 요리를 분배하여 식사한다. ⓑ Russian Service - 게리돈 서비스에 비해서 특별한 준비물이 필요 없다. ⓔ Buffet Service - 다수의 접객원으로 많은 고객을 서비스할 수 있다.

가. ⓐ,ⓒ

나. ⓐ,ⓓ

다. ⓑ,ⓓ

라. ⓑ,ⓔ

55. 호텔에서 초과예약을 하는 이유로 옳은 것은?

가. 객실 수를 증대시키기 위해서

나. 숙박하고자 하는 고객에 대한 호텔의 객실예약의 신뢰도를 높이기 위해서

다. 예약고객이 나타나지 않을 경우를 대비해 판매객실 수를 증대시키기 위해서

라. 예약된 고객에게 좀 더 확실하게 하기 위해서

56. 다음 중 연회예약 접수의 절차로 옳은 것은?

가. 예약접수 - 예약전표 - Control Chart Booking - Control Chart 확인 - 견적서 및 Menu 작성 - 연회 행사 통보서 작성

나. 예약접수 - Control Chart 확인 - 예약전표 - 견적서 및 Menu 작성 - 연회 행사 통보서 작성 - Control Chart Booking

다. 예약접수 – Control Chart 확인 – 예약전표 – Control Chart Booking – 견적서 및 Menu 작성 – 연회 행사 통보서 작성

라. 예약접수 – 예약전표 – Control Chart 확인 – 견적서 및 Menu 작성 – Control Chart Booking – 연회 행사 통보서 작성

57. 다음 중 호텔 서비스품질에 관한 설명으로 옳은 것은?

가. 호텔 서비스품질은 최종적으로 종업원 자신에 의해서 판단된다.

나. 호텔 서비스품질은 인적 서비스의 품질을 지칭하는 것이다.

다. 호텔 서비스품질은 고객과의 만남(Encounter)에서 결정된다.

라. 호텔 서비스품질은 생산을 중시하기 때문에 고객의 성향보다는 종업원의 태도가 더 중요하다.

58. 다음 중 정부의 관광진흥정책 수립 시 고려해야 할 사항이 아닌 것은?

가. 외국인 관광객의 유치촉진 및 외국인 관광객에 대한 접대에 향상을 도모하는 일

나. 가족여행, 그 밖의 건전한 국민대중 관광여행의 발전을 도모하는 일

다. 저개발국가에 대하여 관광개발을 도모하는 일

라. 관광자원의 보호 및 육성・개발을 도모하는 일

59. 호텔 Catering 부서가 높은 마진율을 유지하는 이유가 아닌 것은?

가. 일반적으로 메뉴의 선택이 다양하므로 질 높은 식음료 서비스를 통해 판매가 증가한다.

나. 만찬의 경우 가격이 유동적이므로 보다 비싼 가격을 받을 수 있다.

다. 많은 사람을 동시에 서빙하여 가격원가를 낮출 수 있다.

라. 참석자의 수나 행사의 종류와 메뉴 등이 정해져 있기 때문에 미리 업무를 분담해 인력의 생산성이 높다.

60. 다음 중 호텔 하우스 키핑의 중요성과 관계가 없는 것은?

가. 호텔의 고정자산 관리
나. 호텔상품의 창조 및 재생산 기능
다. 운영경비의 효율적 활용
라. 호텔상품의 판매기능

61. 호텔업 경영의 특성에 관한 설명 중 틀린 것은?

가. 자본의 고정화율이 높다.
나. 자본의 회전율이 높다.
다. 노동집약적인 산업이다.
라. 입지조건이 경영을 좌우한다.

62. 다음 중 관광호텔업의 등급결정신청을 할 수 없는 경우는?

가. 호텔을 신규 등록한 경우
나. 호텔의 경영전략상 등급조정이 절실하다고 판단된 경우
다. 등급결정을 받은 날부터 3년이 지난 경우
라. 시설의 증·개축 또는 서비스 및 운영실태 등의 변동에 따른 등급조정 사유가 발생한 경우

63. 특정 VIP나 Executive Floor에서 고객에게 세심하게 식음료 서비스를 하는 것은?

가. 프렌치(French)서비스
나. 러시안(Russian)서비스
다. 컨티넨탈(Continental)서비스
라. 버틀러(Butler)서비스

64. 다음 중 패키지 관광의 장점이 아닌 것은?

가. 여행 전에 총 비용을 정확하게 알 수 있다.
나. 매력 있는 장소 등을 확실하게 관람할 수 있다.
다. 관광상품의 변경을 탄력적으로 할 수 있다.
라. 가격이 저렴하다.

65. 다음과 같은 조건에서 당인 Walk-in Guest에게 판매 가능한 객실 수는?

- Total Rooms Available : 400
- Out of Order : 10
- Understay : 5
- Overstay(Extension) : 9
- Reservation : 160
  Stayover : 179
- House Use : 3

(단, No Show Rate는 10%, Cancellation Rate는 5%로 가정하며, 단위는 Rooms이다.)

가. 66
나. 67
다. 68
라. 69

66. 다음 중 관광산업의 일반적 특징으로 틀린 것은?

가. 복합성
나. 입지의존성
다. 공익성
라. 불변성

67. 1달러의 관광지출 투입이 50센트의 직접소득과 25센트의 간접소득 및 유발소득을 창출한다고 가정하면 정상적 소득승수는?

가. 0.5달러
나. 0.75달러
다. 1.5달러
라. 2달러

68. 고객이 사전에 예약을 하고 정해진 시각에 호텔에 도착하지 않는 경우 호텔 측에서 취해야 할 행동이 아닌 것은?

가. 먼저 고객이 이미 호텔에 투숙하였는지를 확인한다.
나. 고객이 예약한 날짜가 정확한지를 다시 한번 점검한다.
다. 당일의 예약카드를 가까운 날짜의 예약카드와 함께 보관한다.
라. 예약보증금을 회계원(Cashier)에게 인계하여 수입 계정으로 분류한다.

69. 하우스 유스(House Use)의 의미로 옳은 것은?

가. 호텔의 임직원이 공무로 사용하는 객실
나. 무료로 제공하는 객실
다. 하우스 키핑(House Keeping) 사무실
라. 가족이 공동으로 사용하는 객실

70. 관광산업체의 특성과 거리가 먼 것은?

가. 서비스 지향성
나. 고객과 종업원에 대한 고려
다. 높은 생산성
라. 대규모보다는 중・소규모의 사업

2009년도 컨벤션산업론

1. 다음이 설명하고 있는 컨벤션 관련 국제기구는?

1907년 6월에 Brussels에서 창립된 비영리 단체로 유럽중심의 가장 오랜 역사와 전통의 범세계적 각종 국제기구, 협회 단체의 연맹으로서 국제회의에 관한 수집 기능을 집대성한 각종 정보자료를 수록한 연감 등 책자발행을 주요 사업으로 하고 있는 학술연구 협력단체의 성격을 가진다.

가. UN
나. UIA
다. ICCA
라. DMAI

2. 국제회의의 주제 및 연사 선정시 고려사항과 가장 거리가 먼 것은?

가. 주최국만이 제공할 수 있는 내용을 살릴 수 있는 주제를 선택한다.
나. 주제는 구체적이고 참가자에게 어필(Appeal)할 수 있는 것이 좋다.
다. 전 세계 참가자가 공감할 수 있는 국제적이고 광범위한 이슈를 주제로 선정한다.
라. 연사는 그 분야에서 세계적으로 명망이 높은 전문가를 선정하는 것이 좋다.

3. 다음 회의에서 손익분기점에 도달하기 위해 유치해야 하는 최소 참가인원은?

총 고정비용 : 12,000,000원 참가자 1인당 변동비용 : 85,000원 1인당 참가비 : 100,000원

가. 780명
나. 800명

다. 820명

라. 850명

4. 컨벤션 개최지 선정 이전에 실시되어야 할 업무내용이 아닌 것은?

가. 예산 검토

나. 참가자의 욕구분석

다. 수송

라. 프로그램 검토

5. 컨벤션 마케팅 계획 단계를 바르게 나열한 것은?

A. 시장에 대한 조사・분석 B. 시장 포지셔닝 C. 실행계획서 실행 및 이행 D. 표적시장 선정 E. 마케팅 계획의 평가와 피드백 F. 마케팅 목표 설정

가. A – B – D – F – C – E

나. A – D – B – F – C – E

다. A – C – D – B – F – E

라. A – F – D – B – C – E

6. 컨벤션의 사전등록 통보시 포함되어야 하는 정보가 아닌 것은?

가. 등록자격

나. 사전등록서 제출 마감

다. 현지등록장소 및 시간

라. 회의기획자의 지시 하에 정보를 처리하는 방법

7. 국제회의에 참가하는 동반자를 위한 문화, 쇼핑, 스포츠, 레저 프로그램은?

가. Spouse Program
나. Reception Program
다. Poster Session Program
라. Incentive Tour Program

8. 컨벤션 참가자에게 교부하는 뱃지(Badge)의 가장 우선적인 기능은?

가. 회의장 출입자의 안전 및 경호
나. 참가자의 이름 식별
다. 등록된 카테고리 지정
라. 참가자가 소속한 조직 식별

9. 컨벤션 마케팅 계획 수립을 통한 기대효과가 아닌 것은?

가. 컨벤션 운영조직의 의사소통의 역할
나. 종사자에 대한 내부마케팅 효과
다. 통제수단으로서의 역할
라. 목표 달성을 위한 인적·물적자원의 효율적인 배분

10. 국제회의산업육성기본계획에 관한 설명으로 틀린 것은?

가. 문화체육관광부장관은 국제회의산업의 육성·진흥을 위해 국제회의산업육성 기본계획을 수립해야 한다.
나. 국제회의산업육성기본계획에는 국제회의의 유치와 촉진, 원활한 개최, 필요한 인력의 양성 등에 관한 사항이 포함되어야 한다.
다. 문화체육관광부장관은 국제회의산업육성기본계획을 수립, 변경하려면 육성위원회의 심의를 거쳐야 한다.
라. 문화체육관광부장관을 국제회의산업 육성과 관련된 기관의 장에게 기본계획이 효율적인 달성을 위해 필요한 협조를 구할 수 있다.

11. 파라슈라만(Parasuraman)이 제시한 서비스품질모형(SERVQUAL)의 서비스 품질차원에 관한 설명으로 틀린 것은?

가. 신뢰성 – 약속된 서비스를 믿음직스럽고 정확하게 수행할 수 있는 능력
나. 반응성 – 고객을 돕고 신속한 서비스를 제공하겠다는 의지
다. 유형성 – 직원의 지식과 친절, 신뢰와 믿음 정도
라. 공감성 – 사려 깊은 개별적인 관심을 보일 준비성

12. 회의 개최 시 등록에 관한 설명으로 틀린 것은?

가. 전문적인 Convention center가 아닌 경우에는 Registration desk는 없으며, 보통 회의개시 약 일주일 전 부터 설치한다.
나. 데스크의 크기는 회의의 규모, 참가 예정자의 수, 데스크에서 수행하는 업무량과 기능에 따라 정해진다.
다. Registration desk는 보통 대회의장, Hotel의 경우 Grand ballroom 전면 Lobby에 설치한다.
라. Registration desk의 기능은 참가자 등록이 주 임무이나 회의와 관련된 문의에 대한 응답과 편의를 제공할 수도 있다.

13. 국제회의 개최로 인한 경제적인 효과가 가장 거리가 먼 것은?

가. 외화획득
나. 세수입의 증대
다. 국제친선의 도모(사회문화적)
라. 고용 창출

14. 컨벤션 기획의 주요내용으로 적합하지 않은 것은?

가. 접근성 향상을 위한 도로건설
나. 회의의 주제설정
다. 회의와 관련한 프로그램 기획
라. 초청연사 관련 준비사항

15. 일반적인 회의의 형태별 분류에 해당되지 않는 것은?

가. 컨퍼런스(Conference)
나. 포럼(Forum)
다. 강의(Lecture)
라. 총회(General assembly)

16. 다음 중 컨벤션 산업의 특징이 아닌 것은?

가. 공공성(Public benefit)
나. 무형성(Intangibility)
다. 영속성(Imperishableness)
라. 전문성(Speciality)

17. 컨벤션 마케팅믹스 중 촉진에 관한 설명으로 틀린 것은?

가. 광고는 비인적 커뮤니케이션 방법이기 때문에 판매 사원들을 사용하는 방법만큼 설득적이지 못하다.
나. 광고는 지역적으로 넓게 분산되어 있는 소비자들에 대한 촉진이 가능하다는 특성이 있다.
다. 촉진은 인지도 제고 등 장기적인 목표를 달성하기 위한 투자가 대부분이다.
라. PR은 촉진수단으로서 뉴스, 행사, 등을 활용하기 때문에 소비자들은 PR이 광고보다 더 믿을만하다고 여기는 것으로 알려져 있다.

18. 다음 중 회의 후 평가 항목으로 적절하지 않은 것은?

가. 프로그램 완성시한은 현실적이었는가
나. 누가 사례비(Tip)를 가장 많이 받았는가
다. 임시고용원의 수는 충분했는가
라. 전시장배치는 사람들의 흐름을 좋게 했는가

19. 다음 중 컨벤션 사후관리 업무에 해당되지 않는 것은?

가. 행사연계 프로그램 개발
나. 참가자 만족도 조사
다. 사후관리 프로그램 실시
라. 참가자 정보관리

20. 컨벤션 개최시설을 국제회의를 전문적으로 개최할 수 있는 전통적 개최시설과 환경과 여건에 따라 국제회의를 개최할 수 있는 비전통적 개최시설로 구분할 때 전통적 개최시설에 해당하는 것은?

가. 크루즈
나. 리조트
다. 철도
라. 대학

21. 회의장 배치(Setting)에 관한 설명으로 틀린 것은?

가. 교실식은 같은 공간일지라도 T자형 배치보다 많은 참가자를 수용할 수 있고 연사와 참가자간에 마주볼 수 있어 강연에 집중할 수 있지만 참가자 상호간에 연결성이 낮다.
나. V자형은 교실식에 비해 상호 연결성이 떨어지나 큰 그룹에 적용하기 쉽고 어느 위치에서든지 시야가 좋다는 장점이 있다.
다. T자형은 소규모그룹에 적합하며 상호여결성이 좋으나 큰 규모의 그룹에 적용하는 경우 배치형태가 시각적으로 좋지 않다.
라. 극장식은 필기 등의 작업이 필요 없는 큰 규모의 그룹에 적용하기 좋지만 극장식은 뒤로 갈수록 좌석을 높여주어야 한다.

22. 컨벤션 참가자에 대한 CRM 차원에서 가장 효율적으로 활용할 수 있는 수단은?

가. Brochure 발송

나. Personal Letter 발송
다. Web-page 운영
라. News Letter 발송

23. 컨벤션 사후관리로 결과보고서를 작성하고 비용을 정산하여 조직위원에 보고해야 한다. 결과보고서에 수록될 내용으로 적합하지 않은 것은?

가. 조직위원회, 분과위원회, 사무국의 활동
나. 각 국가별 또는 주제별 발표논문 수
다. 수입 및 집행영수증
라. 사교행사 등 부대행사 내용

24. 컨벤션뷰로에 관한 설명으로 틀린 것은?

가. 컨벤션뷰로는 컨벤션 개최지에 관한 세밀한 정보 제공 등의 각종 서비스를 지원하는 조직이다.
나. 컨벤션뷰로가 관주도형일 경우 재정적 지원의 확보, 조직관리 및 인력관리가 용이하다.
다. 컨벤션 프로그램 기획 및 컨벤션 전후관광 프로그램 기획 등의 각종 컨벤션 지원 이벤트를 기획한다.
라. 관광 및 컨벤션 목적지로서 경쟁력을 갖추기 위해 도시의 이미지 개발 및 마케팅역할을 담당한다.

25. 컨벤션에서의 DB마케팅 적용에 관한 설명으로 틀린 것은?

가. 쌍방향 지속적인 상호작용은 고객이 원하는 정보를 제공하고 피드백 함으로서 지속적이며 장기적인 고객관리가 가능하게 되었다.
나. 정보통신기술의 발달은 고객의 DB를 체계적으로 구축, 가공할 수 있어 고객의 개개인의 욕구 등에 맞는 서비스를 제공할 수 있게 되었다.
다. 회의기획가가 참가자들에게 획일적이고 일방적인 의사소통의 수단으로서 사용될 수 있게 되었다.
라. DB마케팅의 활용을 통해서 전체적인 컨벤션 참가자 유치전략과 개별

적 참가자 유치전략을 동시에 사용할 수 있게 되었다.

26. 컨벤션 홍보용 광고물 제작에 관한 설명으로 틀린 것은?

가. 글자 모양이나 색다른 장식용 글자 모양은 산만하지 않도록 2~3개 정도 사용하는 것이 효과적이다.
나. 컨벤션 홍보물에는 4가지 정도의 색을 이용하는 것이 참가자의 시선을 집중시키기에 가장 좋다.
다. 우편물 이용 시 우편물의 개봉을 자극할 수 있도록 우편봉투에도 홍보용 메시지를 사용한다.
라. 홍보물의 겉표지는 회의의 목적을 담은 주제, 회의개최 날짜와 장소, 참가대상, 참가비 등의 자세한 내용을 수록한다.

27. 다음과 같은 행사에 가장 적합한 장소는?

다국적 IT기업의 연례 우수영업 사원행사를 내년에는 유럽에서 개최할 예정이다. 이 행사의 목적은 우수영업 사원들의 표창과 Team building program을 통한 참가자들의 사기를 높이고 유대관계를 돈독히 하여 영업성과를 올리는 것이다.

가. 공항호텔
나. 도심호텔
다. 컨퍼런스 호텔/센터
라. 리조트 행사장

28. 컨벤션 마케팅믹스에 관한 설명으로 틀린 것은?

가. Product는 컨벤션 프로그램, 개최시설 등을 의미한다.
나. Price는 등록비 및 기타 경비를 의미한다.
다. Place는 컨벤션 개최장소를 의미한다.
라. Promotion은 참가수요자들에게 시간과 비용을 지불하고 참가할 만한 컨벤션이라는 점을 설득하는 기술적 요소를 의미한다.

29. 회의장 설정시 고려해야 할 사항으로 가장 거리가 먼 것은?

가. 회의장의 입지성
나. 회의장의 용도에 따른 제반시설의 적합성
다. 참가규모에 따른 회의장의 규모 및 서비스 제공의 여부
라. 회의장 자체의 마케팅 활동 여부

30. 유치 희망단체에 대한 분석 내용 중 일반적으로 가장 중요하게 고려해야 할 사항은?

가. 유치 희망단체의 확고한 유치희망 의지
나. 유치 희망단체의 국제적 위치와 국제본부 내에서의 영향력
다. 유치 희망회의에 대한 국내 사회적 반응 등 주변 환경
라. 유치 희망단체의 재원 확보 가능성

31. 컨벤션의 목적별 분류 중 기업회의의 특징이 아닌 것은?

가. 미팅 참가자 수가 적다.
나. 가능한 동일 목적지에서 매년 개최되는 경향이 있다.
다. 전시실의 이용이 많은 편이다.
라. 다른 회의보다 기간이 짧다.

32. 국제회의산업 육성에 관한 법률상 전시시설의 요건으로 옳은 것은?

가. 1천 제곱미터 이상의 옥내전시 면적을 확보해야 한다.
나. 2천 제곱미터 이상의 옥내전시 면적을 확보해야 한다.
다. 10인 이상의 인원을 수용할 수 있는 중・소회의실이 3실 이상 있어야 한다.
라. 20인 이상의 인원을 수용할 수 있는 중・소회의실이 3실 이상 있어야 한다.

33. 컨벤션의 위험요소 확인에 관한 설명으로 틀린 것은?

가. Force Majeure 상황인지 아닌지를 확인해야 한다.
나. 개최지역의 범죄율이나 자연재해를 확인해야 한다.
다. 컨벤션이 지역경제에 미치는 파급효과를 분석해야 한다.
라. 연사의 경력 및 정책/철학에 대한 분석이 필요하다.

34. 다음 중 컨벤션 수요의 증가요인과 가장 거리가 먼 것은?

가. 국제화・개방화
나. 지식・정보에 대한 수요증가
다. 평생교육 수요의 증가
라. 국제적 테러의 증가

35. 주최자 측면에서 사전등록의 장점과 가장 거리가 먼 것은?

가. 자금 흐름의 확보
나. 참석인원의 예측
다. 업무의 융통성
라. 홍보비의 절감

36. 국제회의산업 육성에 관한 법률상 국제회의 도시의 지정기준이 아닌 것은?

가. 지정대상도시 안에 국제회의시설이 있어야 한다.
나. 지정대상도시 안에 국제회의 참가자를 위한 편의시설이 갖추어져 있어야 한다.
다. 무형문화재급에 해당하는 문화자원이 있어야 한다.
라. 도시 주변에 풍부한 관광자원이 있어야 한다.

37. 국제회의산업 육성에 관한 법률상 국제회의 도시는 누가 지정할 수 있는가?

가. 대통령
나. 국무총리
다. 문화체육관광부장관
라. 광역단체장

38. 국제회의 연회행사 기획 시 고려사항과 가장 거리가 먼 것은?

가. 종업원 수
나. 개최장소
다. 개최시간
라. 연회장배치와 서비스형태

39. 다음 중 변동비용에 해당되는 것은?

가. 회의장, 전시장 임차료
나. 사교행사비의 식비
다. 동시통역비 및 번역비
라. 사무국 운영비

40. 협회(Association)의 일반적인 회의개최 목적과 거리가 먼 것은?

가. 회원들에 대한 다양한 혜택 제공
나. 협회 및 관련 내용에 대한 사회적 인지 획득
다. 협회활동을 위한 재정확보
라. Crisis Meeting을 통한 문제 해결

2009년도 호텔관광실무론

41. 호텔의 Rack rate가 의미하는 것은?

가. 실제요금
나. 단체요금
다. 할인요금
라. 공표요금

42. 다음 중 린넨 클럭의 업무와 가장 거리가 먼 것은?

가. 세탁물을 집계・확인한다.
나. 파손과 망실을 파악하여 보고하고 처리한다.
다. 세탁물에 관한 bill을 작성・발행한다.
라. 비품, 린넨 류, 소모품을 장표에 기록하고 정리한다.

43. 다음 중 Turn away 서비스에 대한 설명으로 옳은 것은?

가. 호텔이 보유객실보다 많은 예약을 받는 것을 말하며, 예약을 취소하거나 No show에 대비하기 위한 것이다.
나. 호텔 예약을 하고 취소 연락 없이 호텔을 이용하지 않는 경우를 말하며, 이런 경우를 대비하여 통상 초과예약을 받는다.
다. 호텔 내부나 외부 고객으로부터 요구에 의해 로비 및 커피숍 등의 업장에 있는 고객을 찾아주는 서비스이다.
라. 초과 예약된 손님한테 객실제공을 하지 못한 경우, 정중한 사과와 함께 다른 호텔을 잡아주는 서비스이다.

44. 다음 A호텔이 가지고 있는 객실예약 관련 문제점은?

A호텔은 객실예약시 이 문제를 해결하기 위하여 초과예약(Over Booking)제도를 실시하였고 최근 고객 예치금과 보증 예약 제도를 도입하였다.

가. 노 쇼우(No show)

나. 조기 도착(Early arrivals)

다. 돈을 지불하지 않고 체크아웃

라. 예약된 기간보다 초과 체류

45. A호텔은 작년 크리스마스에 보유한 객실 300실 중 250실을 판매하여 일 매출액이 50,000,000원이었다면 작년 크리스마스의 객실 평균요금과 점유율은?

가. 166,666원, 약 73.3%

나. 166,666원, 약 83.3%

다. 200,000원, 약 73.3%

라. 200,000원, 약 83.3%

46. 관광진흥법령상 수상관광호텔업의 등록기준으로 옳은 것은?

가. 수상관광호텔 위치하는 대지는 관계법에 따라 점용허가를 받아야 한다.

나. 욕실이나 샤워시설을 갖춘 객실을 30실 이상 갖추고 있어야 한다.

다. 수상오염을 방지하기 위한 오수 저장·처리시설 또는 폐기물처리시설을 갖추고 있어야 한다.

라. 회원을 모집하는 경우에는 구조물 및 선박의 소유권 또는 사용권을 확보하여야 한다.

47. 국제회의 개최가 관광산업에 미치는 효과와 가장 거리가 먼 것은?

가. 지역문화 및 관광홍보

나. 대규모 관광객 유치

다. 관광의 계절성 극복 가능

라. 관광기업의 마케팅 비용 증대

48. 호텔의 FOH(Front of the House) 기능에 해당되지 않는 것은?

가. Front office/desk
나. F&B
다. Banquet
라. Purchasing agent

49. 사업계획승인을 받지 않고 등록하는 관광사업 업종은?

가. 여행업
나. 관광숙박업
다. 관광객이용시설업 중 관광유람선업
라. 국제회의업 중 국제회의시설업

50. 미국의 버팔로 스타틀러(Buffalo Statler)호텔의 경영 방식을 도입, 일반 대중을 상대로 영업한 당시 한국 최대의 시설규모인 객실 111개를 갖추고 1936년에 개관한 호텔은?

가. 부산철도 호텔
나. 반도호텔
다. 대원호텔
라. 조선호텔

51. 호텔업의 등급결정을 위한 평가 요소가 아닌 것은?

가. 재정 상태
나. 서비스 상태
다. 전기・통신 시설
라. 건축・설비・주차 시설

52. 카지노사업의 도입에 따른 기대효과와 가장 거리가 먼 것은?

가. 외래 관광객의 1인당 소비액 증가

나. 지방자치단체의 재정수입 창출

다. 낮은 고용 효과

라. 빈약한 자연관광자원지역 이용

53. 항공운임 중 Stretcher 운임이란?

가. 인솔자 할인운임

나. 건강상태가 나빠 들 것에 실려 항공여행을 할 때 동반자와 함께 지불하는 운임

다. 배우자와 함께 지불하는 운임

라. 소아에 적용되는 운임

54. 다음은 무엇에 관한 설명인가?

'대중관광' 이라는 의미로서, 여행하는 모든 국민은 지위고하・빈부격차를 불문하고, 비용에 여유가 없는 계층의 사람들에게 여행할 기회를 주려고 하는 취지

가. Family Tourism

나. New Tourism

다. Social Tourism

라. Modern Tourism

55. 프런트 데스크(Front desk)의 기능이 아닌 것은?

가. 고객서비스 접수 및 처리

나. 투숙객 여신한도 점검

다. 객실소모품 확인 및 보충

라. 수입 극대화를 위한 정확하고 효율적인 객실 관리

56. 관광사업의 경제효과 중 산업효과에 해당되지 않는 것은?

가. 산업진흥
나. 사회자본의 고도이용
다. 고용증대
라. 투자소득

57. 호텔상품의 특성이 아닌 것은?

가. 소매성
나. 종사원에 대한 의존성
다. 고정자산에 대한 의존성
라. 수요변화에 따른 탄력성

58. 다음은 무엇에 관한 설명인가?

마케팅의 철학과 실천을 외부 고객에게 봉사하는 사람들에게 적용하는 마케팅으로, 그것을 위하여 최고의 사람들이 고용되고 유지될 수 있어야 하며, 그들이 최고의 과업을 수행할 수 있도록 하여야 한다.

가. 관계마케팅(Relationship Marketing)
나. 외부마케팅(External Marketing)
다. 내부마케팅(Internal Marketing)
라. 미시적 마케팅(Micro Marketing)

59. 호텔 용어 중 슬리퍼(Sleeper)의 의미로 옳은 것은?

가. 객실에서 투숙중인 고객을 말한다.
나. 객실용 신을 말한다.
다. 정당한 회계절차를 밟지 않고 도망친 고객을 말한다.
라. 기록착오로 인하여 비어있는 객실을 고객이 사용 중인 줄 알고 판매하지 못한 객실을 말한다.

60. 숙박형태에 따른 호텔의 요금제도 중 미국식(American plan)에 관한 설명으로 옳은 것은?

가. 객실 요금에 아침, 점심, 저녁 식사요금을 모두 포함해서 계산하는 방식의 요금제도이다.
나. 객실 요금과 식사 요금을 별도로 계산하는 방식의 요금제도이다.
다. 객실 요금에 아침 식사만 포함해서 계산하는 방식의 요금제도이다.
라. 객실 요금에 점심만 포함해서 계산하는 방식의 요금제도이다.

61. 일반 항공권에서 Reservation Status를 나타내는 용어 중 RQ의 의미는?

가. 좌석이 확정되었을 때
나. 유이운인을 지불하는 여행객을 표기할 때
다. 좌석예약이 신청 중이거나 대기자 명단에 들어 있을 때
라. 좌석예약을 하지 않은 상태를 나타낼 때 표기하는 방법

62. 호텔의 객실, 레스토랑, 기타 부대시설의 서비스를 제공받고 요금을 지불하지 않고 떠난 손님은?

가. 프리컨트 게스트(Frequent Guest)
나. 워크인 게스트(Walk-in Guest)
다. 슬립아웃 게스트(Sleep out Guest)
라. 스키퍼(Skipper)

63. 홀드 룸 차지(Hold Room Charge)가 적용되는 경우는?

가. 고객이 짐을 객실에 두고 출타하여 사용하지 않을 때
나. 예약한 고객이 당일 한밤중에 도착할 때
다. 특정한 회사와 일정한 요금으로 계약할 때
라. 예약한 고객이 당일 예약을 취소할 때

64. 다음이 설명하는 메뉴는?

- 한입 분량의 크기 - 계절감과 지방색을 반영한 고유미 - 주 요리와의 조화를 고려하고, 양이 적고 맛이 좋아야 함 - 식욕을 돋구는 요리

가. Appetizer

나. Fish

다. Salad

라. Dessert

65. 관광사업의 프로젝트에 대한 가치평가 방법이 아닌 것은?

가. 회계적 이익률법

나. 수정 순이익법

다. 회수기간법

라. 순현가법

66. 관광진흥법령상 여행업의 종류에 해당하지 않는 것은?

가. 국내 여행업

나. 국외 여행업

다. 종합 여행업

라. 일반 여행업

67. 호텔의 시설이 복합화 되는 이유와 가장 거리가 먼 것은?

가. 좋은 입지의 획득이 어렵다.

나. 식당의 공간이 넓어지고 있다.

다. 지가가 고가이다.

라. 대형화, 고층화와 복합기능화 되고 있다.

68. 체인경영호텔에 관한 설명으로 틀린 것은?

가. 위탁경영은 호텔소유주의 경영권이 상실된다.

나. 체인본사에 로열티 및 수수료를 지급해야 하는 부담이 있다.

다. 유명 브랜드의 사용으로 초기에 신뢰성을 확보할 수 있다.

라. 프랜차이즈 호텔은 체인본부와 가맹점의 관계가 예속관계여서 체인본부가 경영권을 행사 한다.

69. 호텔의 부재소유주(Absentee Owner)의 의미로 옳은 것은?

가. 호텔 내의 거주하지 않는 소유주

나. 하나 이상의 호텔을 경영하는 소유주

다. 일상석인 호텔경영관리에 참여하지 않는 소유주

라. 합작투자인 경우 상대편의 호칭

70. 객실과 객실 사이에 통용문이 설치되어 있는 객실로서 가족여행 및 동료들의 단체 여행에 좋으며, 리빙룸(Living Room)을 공동으로 활용할 수 있는 객실의 형태는?

가. 스튜디오 베드룸(Studio Bedroom)

나. 스위트 룸(Suite Room)

다. 팔러(Parlour)

라. 커넥팅 룸(Connecting Room)

컨벤션 기획사 2차 실기시험

1) 기획서 작성시간 관리 요령

전체 6시간 중 4시간 - 4시간 30분 내에 컨벤션 기획서를 완성해야 된다.

영문서한에서 너무 시간이 지체되지 않도록 한다. 문제를 푸는 순서는 영문서한을 먼저 그리고 나중에 기획서를 작성하는 것이 바람직하다. 기획서를 먼저 풀기 시작하면 기획서 작성에 너무 몰입하게 되기 때문에 시간 배분에서 실패할 수 있다.

시간 배분	과 목
4시간 - 4시간 30분	기획서
1시간 - 1시간 30분	컨벤션영어
30분	총정리

2) 컨벤션기획사 2차 실기시험에 응용할 수 있는 프로그램 종류

시험장은 학교에 따라서 다르지만, 주로 파워포인트2003 버전이 설치되어 있다. 그러나 학교에 따라서 2007이 설치된 시험장소도 있으므로 한국산업관리공단 홈페이지에 공지된 시험 장소를 확인하고, 해당 학교 전산실에 설치된 프로그램의 종류를 직접 확인해 보는 것도 도움이 된다.

만약 본인이 프로그램 원본 CD를 지참하고 갈 경우, 설치해서 시험에 응시할 수 있다.

예 : 파워포인트2007버전
일러스트레이터
오피스 비지오
오피스 프로젝트

Portable program은 USB에 담아서 컴퓨터를 옮겨 다니면서 사용하는 것이므로, USB에 있는 Portable office 2007을 PC의 C드라이브에 복사해서 옮긴 후 설치하면 된다. 그러나 아직까지 Portable program에 대한 확인방법이 없기 때문에 프로그램 원본 CD를 지참하고 하는 것이 가장 바람직하다.

CD는 CD표지를 보여주어야 하기 때문에 불법 복사본을 갖고 가면 안된다. CD는 반드시 정품을 소지하고 가야 된다.

파워포인트 2007버전에는 2003버전에 없는 템플릿이 많고 도형제작 등에서 시간을 많이 절약할 수 있다.

시험장소에 따라서 시험관에 따라서 시험장의 분위기가 다르다. 시험관이 컴퓨터에 이미 설치된 프로그램 이외에 다른 프로그램을 설치할 수 있다는 점에 대해서 잘 모르는 경우, 한국산업인력관리공단 실기시험팀 컨벤션기획사 자격시험담당자(02-3271-9170)에게 문의해서 확인하도록 정중하게 말한다.

시험 감독관이 주로 일반 학교의 국어, 수학 등을 가르치는 선생님들이라서 컴퓨터 프로그램에 대해서 잘 모르는 경우가 있을 수 있다.

시험장에 미리 도착한 후 시험 중앙통제실이나 감독실에 들려서 CD 원본을 보여주고, 프로그램이 왜 필요한지 물어보면 기획서 작성에 필요한 이유를 설명하고 설치하면 된다.

3) 기획서 평가 기준

평가항목	구 성
기획력	1/3
창의성	1/3
비주얼	1/3

4) 컨벤션기획서 작성 연습 문제

문제 1
다음의 회의 취지와 제시된 조건을 활용하여 해당 사항에 대한 컨벤션기획서를 작성하시오. (단, 기획서 분량은 A4용지로 20매 내외로 작성)

회의 취지
한국의학계는 연구와 치료의 국제화를 기하고 제약업계를 비롯한 산학협조를 기하여 세계 시장에 발돋움하기 위해 국제회의를 개최하여 세계 각국의 의학자 및 연구 기관들과 도약을 위한 교류의 장을 열고자 합니다.

조 건
대한의학회에서는 2006년 9월 6일(수)부터 9월9일(토)까지 4일간 제25차 국제의학연구학회 연차총회를 제주 국제컨벤션센터에서 개최하고자 한다.
대한의학회에서 주최하며, 주관 PCO사로는 (주)한라산컨벤션서비스를 선정하였다.
본 대회에서 각국의 의학연구학회 회원은 물론 비회원 및 각 연구소의 연구원, 레지던트와 동반자들이 참가한다.
회의 공용어는 영어로 하며, 내국인 400명, 외국인 600명이 참석할 예정으로, 회의실은 탐라홀, 한라홀을 비롯한 대소회의장을 사용할 것이다.
주요 행사내용으로는 개·폐회식 3회의 특별 강연, 심포지엄 및 자유연제 발표, 포스터 발표 및 상업전시회, 환영연, 한국의 밤, 환송연 등이 포함된다.

참고사항
본 행사의 환영연은 ICC의 이어도 플라자, 한국의 밤은 제주 롯데호텔, 환송연은 제주신라호텔의 야외 연회장에서 개최하며 등록비에 포함되어 있다.
관광은 선택 관광으로 참가자 부담이다. 첫날에는 Workshop이 있다.

컨벤션기획서는 다음의 사항만을 포함하여 작성하도록 한다.
1. 기본계획
 1) 행사개요
 2) 행사 일정표(표로 작성)
2. 세부 운영계획
 1) 회의
 2) 관광
 3) 폐회식

모범답안

〈2003년도 컨벤션산업론〉

1	라	2	가	3	다	4	라	5	라	6	나	7	가	8	가	9	다	10	라
11	라	12	다	13	라	14	라	15	다	16	라	17	가	18	라	19	나	20	가
21	나	22	다	23	나	24	가	25	가	26	가	27	가	28	라	29	나	30	라
31	라	32	다	33	나	34	가	35	가	36	라	37	라	38	다	39	다	40	다

〈2003년도 호텔관광실무론〉

41	가	42	나	43	나	44	다	45	나	46	나	47	디	48	다	49	라	50	라
51	가	52	다	53	다	54	라	55	가	56	다	57	다	58	라	59	가	60	가
61	다	62	라	63	가	64	다	65	가	66	다	67	나	68	다	69	다	70	다

〈2004년도 컨벤션산업론〉

1	라	2	라	3	라	4	다	5	가	6	다	7	라	8	라	9	라	10	라
11	다	12	라	13	가	14	나	15	다	16	라	17	다	18	라	19	라	20	라
21	나	22	나	23	가	24	다	25	라	26	라	27	나	28	라	29	나	30	다
31	다	32	라	33	나	34	나	35	다	36	가	37	다	38	라	39	다	40	가

〈2004년도 호텔관광실무론〉

41	나	42	가	43	가	44	라	45	가	46	다	47	가	48	가	49	나	50	나
51	라	52	다	53	다	54	나	55	다	56	다	57	가	58	라	59	다	60	가
61	라	62	나	63	라	64	가	65	라	66	나	67	다	68	가	69	다	70	다

〈2005년도 컨벤션산업론〉

1	가	2	나	3	라	4	가	5	라	6	다	7	가	8	라	9	나	10	다
11	다	12	라	13	나	14	다	15	가	16	라	17	나	18	나	19	라	20	라
21	라	22	다	23	라	24	나	25	다	26	나	27	라	28	나	29	다	30	나
31	라	32	라	33	라	34	다	35	라	36	라	37	다	38	가	39	다	40	가

〈2005년도 호텔관광실무론〉

41	다	42	라	43	나	44	라	45	라	46	가	47	나	48	가	49	가	50	나
51	나	52	라	53	나	54	다	55	다	56	다	57	라	58	라	59	나	60	라
61	다	62	라	63	다	64	다	65	나	66	라	67	가	68	다	69	라	70	라

〈2006년도 컨벤션산업론〉

1	다	2	라	3	나	4	나	5	다	6	나	7	가	8	나	9	가	10	라
11	나	12	다	13	나	14	라	15	가	16	나	17	나	18	다	19	라	20	라
21	라	22	다	23	가	24	라	25	나	26	가	27	라	28	나	29	다	30	나
31	라	32	다	33	다	34	나	35	라	36	가	37	다	38	나	39	가	40	다

〈2006년도 호텔관광실무론〉

41	나	42	다	43	가	44	나	45	라	46	다	47	가	48	라	49	가	50	다
51	나	52	다	53	나	54	다	55	라	56	다	57	다	58	다	59	나	60	가
61	나	62	가	63	나	64	라	65	라	66	라	67	다	68	나	69	다	70	다

〈2007년도 컨벤션산업론〉

1	라	2	다	3	나	4	나	5	다	6	라	7	라	8	다	9	가	10	라
11	라	12	다	13	라	14	나	15	다	16	나	17	다	18	다	19	나	20	가
21	나	22	라	23	라	24	가	25	나	26	다	27	다	28	라	29	다	30	가
31	라	32	다	33	가	34	가	35	라	36	가	37	라	38	다	39	가	40	라

〈2007년도 호텔관광실무론〉

41	라	42	다	43	가	44	가	45	나	46	나	47	가	48	라	49	다	50	다
51	가	52	가	53	라	54	가	55	다	56	가	57	다	58	다	59	나	60	다
61	라	62	가	63	나	64	다	65	나	66	라	67	다	68	라	69	가	70	다

〈2008년도 컨벤션산업론〉

1	가	2	라	3	다	4	가	5	나	6	가	7	다	8	가	9	다	10	라
11	나	12	라	13	나	14	가	15	가	16	다	17	라	18	가	19	라	20	다
21	라	22	라	23	가	24	라	25	나	26	라	27	라	28	라	29	나	30	나
31	라	32	다	33	다	34	라	35	다	36	다	37	나	38	라	39	가	40	가

〈2008년도 호텔관광실무론〉

41	나	42	나	43	가	44	나	45	가	46	다	47	나	48	라	49	가	50	가
51	가	52	가	53	다	54	나	55	다	56	다	57	다	58	다	59	가	60	라
61	나	62	나	63	라	64	다	65	다	66	라	67	다	68	라	69	가	70	다

〈2009년도 컨벤션산업론〉

1	나	2	다	3	나	4	다	5	나	6	라	7	나	8	나	9	나	10	다
11	다	12	가	13	다	14	가	15	라	16	다	17	다	18	나	19	가	20	나
21	나	22	다	23	다	24	다	25	다	26	라	27	라	28	다	29	라	30	라
31	다	32	나	33	다	34	라	35	라	36	다	37	다	38	가	39	나	40	라

〈2009년도 호텔관광실무론〉

41	라	42	다	43	라	44	가	45	라	46	나	47	라	48	라	49	가	50	나
51	가	52	다	53	나	54	다	55	다	56	라	57	라	58	다	59	라	60	가
61	다	62	라	63	가	64	가	65	다	66	다	67	나	68	라	69	다	70	라

참고문헌

1. 국내문헌

강혜원(2001), “컨벤션의 참가 결정속성에 관한 연구”, 한림대학교 국제학대학원.
고승익외 3인(2002), 「관광이벤트경영론」, 백산출판사.
김맹선외 3인(2010), 「PCMA의 전략적 MICE경영론」, 세림출판.
김성혁(1992), 「컨벤션산업론」,
김수현(2011), 「How To 컨벤션기획론」, 백산출판사.
김봉규(2008), 「컨벤션산업론」, 기문사.
김홍철(2010), 「신 관광학원론」, 기문사.
김홍철(2011), 「신 관광마케팅」, 두남.
김홍철(1999), “21세기 신관광마케팅전망에 대한 연구”, 「관광경영학연구」, 제4호, 한국관광경영학회.
문상희 • 신재기(2004), 「컨벤션기획실무」, 백산출판사.
박소연 • 최민수(2001), “국제회의 현황과 활성화방안에 관한 연구”, 「관광정보연구」, 제9호, 한국관광정보학회.
석재민(2001), “컨벤션 서비스 중요속성 및 만족도에 관한 연구”, 한양대 경영대학원.
손대현(1999), 「관광관련용어집」, 백산출판사.
손정미 • 석재민(2005), 「컨벤션전략기획실무」.
안경모 • 이민재(2006), 「컨벤션경영론- 기획과 운영」, 백산출판사.
안종윤(1985), 「관광용어사전」, 법문사.
이연택 • 김홍철 외(1999), 「국제관광산업전략」, 일신사.
임주환 • 양덕희(2004), 「국제회의의 이론과 실제」, 2004.
장병권 • 김홍철 외(2000). 「현대관광론」, 일신사.
주현식(2008), 「컨벤션경영론」, 대명.
황두연(1998), “국제회의산업의 전망과 과제”, ’98추계 컨벤션전문가 인증교육과정, 한국 컨벤션산업 경영연구원.
황희곤 • 김성섭(2002), 「컨벤션마케팅과 경영」, 백산출판사.
황희곤 • 김성섭(2002), 「미래형 컨벤션산업론」.백산.
한국관광공사(2010), 「2009년 국제회의 개최현황」.
한국관광공사(2011), 「2009 관광동향에 관한 연차보고서」.
한국관광공사(2009), 「MICE산업통계조사 연구」.
한국문화관광연구원(2010), 「지역CVB 역할정립방안.」
한국문화관광정책연구원(2004), 「국제회의 도시지정 및 육성방안 연구」.
법제처, 홈페이지.
한국관광공사 홈페이지 (www.knto.co.kr).2009
세계관광기구 홈페이지 (www.world-tourism.org).2009

www.miceseoul.com
www.into.or.kr
www.busancvb.org
www.daegucvb.com
www.dcckorea.or.kr
www.gwangjucvb.or.kr
www.jejucvb.or.kr

2. 국외문헌

Astroff M. & Abbey J. R.(1999), Convention Management & Service, AH & MA.

Cocossis, H. and Mexa, A.(2004) The Challenge of Tourism Carrying Capacity Assessment: Theory and Practice. Aldershot: Ashgate Publishing.

Coles, T., Hall, C.M. and Duval, D.(2005) 'Mobilising tourism: A post-disciplinary critique', Tourism Recreation Research, 30 (in press).

Dotson, C. Penny(1998), Introduction to Meeting Management, PCMA.

Fre Lawson(2000), Congress, Convention and Exhibition Facilities: Planning, Design and Management, Architectural Press.

Merriam-Webster's Collegiate Dictionary(1994)

Mill R. C. and Morrison A. M.(1992), The Tourism System, New York : Prentice Hall.

Montgomery J. R. & Strick, K. S.(1995), Meeting, Convention and Exposition : An Introduction to the Industry, New York, Van Nostrand Reinhold.

Oppermann M. & K. S. Chon(1997), Convention Participation Design - Making Process, Journal of Tourism Research, vol. 24, No. 1.

Oxford Advanced Learner's Directory of Current English(1984)

PCMA Professional Development Series, 2006.

Professional Meeting Management, 4th edition, PCMA, 2002.

Sam Black(1998), How to plan Exhibition & Conferences from A to Z, Ubs.

Voso Michele(1997), Convention & Meeting Planner's Handbook, Lexington.

Wanda Kovacs(2006),Creating a Request for proposal is as easy as ABCD, Convene.

Weber, K.(2000), Meeting planners' use and evaluation of convention and visitor bureaus. Tourism Management, 22.

Weirich, M. I.(1992), Meeting and Conventions Management, Delmar Publishers Inc.

Weissingget, S. Stewart(1992), A Guide to Successful Meeting Planning, New York: John Wiley & Sons Inc.

Hall, C.M.(2005) Tourism:Rethinking the Social Science of Mobility. Harlow:Prentice Hall.

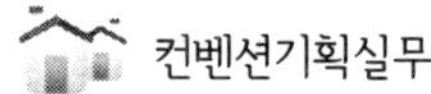

저자약력

■ 김홍철

[학력]
서울영동고등학교 졸업
한양대학교 사회과학대학 관광학과 졸업
한양대학교 대학원 관광학과 졸업(관광학석사, 관광학박사)

[경력]
해병학사장교(기갑) 중위전역
교통부 교통개발연구원 관광연구실 근무
전북공무원교육원 출강
호텔종사원 자격증 면접위원
문화관광축제 평가위원
전주 한옥생활체험관, 술박물관 운영위원장
원광보건대학 신문방송사 주간
현) 원광보건대학교 호텔관광과 교수, 문화관광연구소장

[대외활동]
한국관광학회, 한국관광개발학회 이사 역임
현) 국제관광학회 부회장, 한국스포츠관광학회 감사, 한국문화관광학회 이사

[연구 및 자문활동]
수도권 관광개발계획, 춘천호반 관광개발계획, 선유도 관광개발계획,
익산 왕궁보석박물관 조성계획, 미륵사지 관광지개발계획, 익산보석문화축제 평가
21세기 용인시 관광개발계획 외 다수

[저역서 및 논문]
관광마케팅관리(1997, 2000, 2002, 두남)
관광현상의 이해(1997, 기문사)
신관광법규해설(1999, 학문사)
국제관광산업전략(1999, 일신사)
현대관광론-세계적 조망(2000, 일신사)
현대관광학원론(2002, 기문사)
관광이벤트실무(2004, 두남)
테마관광론(2006, 진달래)
신관광학원론(2010, 기문사)
신관광마케팅(2011, 두남)
의료관광 투자활성화 방안에 관한 연구
21세기 신관광마케팅 전망에 관한 연구 외 다수

인 지

컨벤션기획실무

초 판 1쇄 인쇄——2011년 8월 20일
초 판 1쇄 발행——2011년 8월 25일
지은이——김 홍 철
펴낸이——전 두 표
펴낸데——도서출판 **두남**
서울시 강동구 성내 1동 455-12 두남빌딩
신고 : 제25100-1988-9호
(구 제2-624호, 1988. 7. 21)
TEL : (02) 478-2065, 2066, 2067, 2311
FAX : (02) 478-2068
E-mail : dunam1@unitel.co.kr
http://www.dunam.co.kr

정가 16,000원

ISBN 978-89-6414-236-3 93320